AMBERS   AGLOW

AMBERS AGLOW:

AN ANTHOLOGY OF POLISH
WOMEN'S POETRY

(1981 - 1995)

Compiled, translated and with a critical introduction

by Regina Grol

HOST PUBLICATIONS, INC.
AUSTIN, TEXAS

This book is lovingly dedicated
to my parents, Maria and Teofil Grol,
two poetic souls *par excellence*.

ACKNOWLEDGMENTS

I gratefully acknowledge the National Endowment for the Arts for the translation grant I received in 1993, which enabled me to begin work on the anthology.

I also wish to thank the Kosciuszko Foundation for its moral and financial support of this publication.

Profound thanks are due to Urszula Kozioł and Jacek Maciejewicz for facilitating my contacts with several poets in Poland.

To Professor Emily Tall and to Kathleen Betsko I extend my thanks for reading my introduction. Professor Tall has also my sincere gratitude for her assistance in proofreading parts of the manuscript.

Above all, I wish to thank Polish women poets for the aesthetic and intellectual pleasure I derived while communing with their poetry as a reader, translator, and editor.

R. Grol

Host Publications is grateful for financial assistance from the Kosciuszko Foundation in helping make this project possible.

Layout and design: Joe Bratcher

Cover design by Bettina Beres

Library of Congress Catalog Number:96-079625
ISBN: 0-924047-15-1 (hardcover)
ISBN: 0-924047-16-X (paperback)

CONTENTS

Introduction   xxi

ZOFIA BADURA

* * * [To nie jest widok . . .]   2
    * * * [This is not a sight . . .]   3

* * * [Prawda, mała prawda . . .]   4
    * * * [Truth, little truth . . .]   5

* * * [Tak łatwo marzniemy . . .]   6
    * * * [We freeze so easily . . .]   7

* * * [Śmierć jest szczurem . . .]   8
    * * * [Death is a rat . . .]   9

* * * [Maturzyści mowią . . .]   10
    * * * [High school seniors . . .]   11

* * * [Świat nie jest dobry . . .]   12
    * * * [The world isn't good . . .]   13

* * * [Boże, pozwól mi . . .]   14
    * * * [God, let me . . .]   15

URSZULA BENKA

Ostatniemu człowiekowi na Ziemi,
    w godzinę jego śmierci   16

To the Last Man on Earth,
    In the Hour of His Death   17

i

ii   Contents

Księżyc nad gołoborzem   18
   The Moon Over a Denuded Forest   19

Dotyk i smak   20
   The Touch and the Taste   21

Widma   22
   Phantoms   23

Ból   24
Ostatnie spotkanie   24
   Pain   25
   The Last Meeting   25

MARIA BIGOSZEWSKA

* * * [To jest ciało . . .]   26
   * * * [This is a body . . .]   27

* * * [Jak Lewiatan . . .]   28
   * * * [Like Leviathan . . .]   29

* * * [Powiedz mi proszę . . .]   30
   * * * [Tell me, please . . .]   31

* * * [Czymże są racje kobiet . . .]   32
   * * * [What then are the rights of women . . .]   33

* * * [Czemu mnie urodziłaś . . .]   34
   * * * [Why did you have me . . .]   35

* * * [Modlę się tak, jakbyś był . . .]   36
   * * * [I pray as if you existed . . .]   37

* * * [To, co staje się kazdego dnia . . .]   38
   * * * [This which happens every day . . .]   39

Contents

MARIANNA BOCIAN

13 Grudnia 40
    December 13 41

* * * [znów okupacja . . .] 42
    * * * [again occupation of a country . . .] 43

Współbycie (I) 44
    Co-Being (I) 45

Matkowanie 46
    Mothering 47

ekspert 48
* * * [poza wszechobecne ograniczenia . . .] 48
* * * [żywą bramą ojczyzny . . .] 48
* * * [w ogrodach gwiazd . . .] 48
* * * [pocałunek otwiera ciała . . .] 48
Sztuka życia 48
    the expert 49
    * * * [the ever present limitations . . .] 49
    * * * [the live gate of fatherland . . .] 49
    * * * [in the gardens of stars . . .] 49
    * * * [a kiss opens bodies up . . .] 49
    The Art of Living 49

Równowaga 50
    Equilibrium 51

BARBARA BRANDYS

* * * [Wolność . . .] 52
Skroma wyniosłość 52
* * * [źdźbła traw . . .] 52
O świcie 52
* * * [z nieba . . .] 54
    * * * [Freedom . . .] 53

Modest Eminence   53
* * * [blades of grass . . .]   53
At Dawn   53
* * * [long blades of rain . . .]   55

Susza   54
* * * [wiatr w lustrze wody . . .]   54
* * * [falują zboża . . .]   54
* * * [zmierzch . . .]   54
Przy ognisku   54
    Drought   55
    * * * [the wind combed the rushes . . .] 55
    * * * [the grains undulate . . .] 55
    * * * [the dusk . . .]   55
    By the Fire   55

Listopad   56
* * * [wścibski deszcz . . .]   56
* * * [mieczem . . .]   56
* * * [z dzewa spadł liść . . .]   56
* * * [wiatr . . .]   56
    November   57
    * * * [the nosy rain . . .]   57
    * * * [the air . . .]   57
    * * * [a leaf fell . . .]   57
    * * * [the wind . . .]   57

W Katyńskim Lesie   58
    In the Katyn Forest   59

Erotyk   60
    An Erotic Poem   61

Zapragnęłam pozostać   62
    I Wished to Remain   63

Contents

v

MARZENA BRODA

Dom z czerwonej cegły 64
   A Red Brick House 65

[A jednak ci, którzy wierzyli . . .] 66
   [And yet, those who believed . . .] 67

[Bardziej od świata . . .] 68
   [More than the earth . . .] 69

[Wróć do mnie . . .] 70
   [Come back to me . . .] 71

Słowa 72
   Words 73

DOROTA CHRÓŚCIELEWSKA

* * * [Jakich halucynogenów . . .] 74
   * * * [What hallucinogens . . .] 75

* * * [Stara gwardia umiera . . .] 76
   * * * [The old guard is dying . . .] 77

* * * [Wielkie halo . . .] 78
   * * * [A great halo . . .] 79

* * * [Kobieta trwa . . .] 80
   * * * [A woman lingers . . .] 81

* * * [Takie czasy . . .] 82
   * * * [Such times . . .] 83

* * * [Historio matko nasza . . .] 84
   * * * [History our mother . . .] 85

ANNA CZEKANOWICZ

* * * [nie wolna jestem od mego narodu . . .]   86
   * * * [I am not free from my nation . . .]   87

Cóż może kat wiedzieć o wolności . . .   88
   What Can a Hangman Know About Freedom . . . 89

* * * [to tylko potęguje mój ból . . .]   90
   * * * [don't make me dream, Lord . . .]   91

matka polka   92
   A Polish Mother   93

Kochana starsza pani . . .   94
   Dear Old Lady . . .   95

koniec historii   96
   the end of history   97

ANNA FRAJLICH

Czytając Gibbona   98
   Reading Gibbon   99

Sala dziecięca w muzeum męczeństwa
      Yad Vashem w Jerozolimie   100
   The Children's Room in the Yad Vashem
      Holocaust Museum in Jerusalem   101

Większością głosów   102
   Majority of Votes   103

Tu jestem   104
   Here I Am   105

Czas nie leczy   106
   Time Doesn't Heal   107

Contents

Różnica   108
    The Difference   109

JULIA HARTWIG

Mówiąc nie tylko do siebie   110
    Talking Not Just to Myself   111

Na wyżynach   112
    On the Heights   113

Skruszona   114
    The Penitent   115

Jest i tym   116
    It's That Too   117

Po prostu   118
    Simply   119

Rady dla tej którą nazwano kobietą   120
    Advice for Her Who Was Named a Woman   121

MALGORZATA HILLAR

Wieża cierpliwości   124
    A Tower of Patience   125

Latarki   128
    Flashlights   129

Przychodził nocą   130
    He'd Come at Night   131

* * * [Rozumiem Panie . . .]   132
    * * * [I understand Lord . . .]   133

viii   Contents

Pomnik Bohaterów Getta   134
   A Monument to the Ghetto Heroes   135

* * * [Mówisz . . .]   138
   * * * [You say . . .]   139

ANNA JANKO

Tryptyk z wszechświatem   142
   A Tryptych With the Universe   143

Na progu który pozostał   146
   At the Threshold Which Remained   147

Gdy jesień w domu — zamknąć okiennice   148
   When Autumn's Home, Close the Shutters 149

Ta dobra stara kobieta   150
   That Good Old Woman   151

Alfabet   152
   The Alphabet   153

SALOMEA KAPUŚCIŃSKA

Bursztyn   154
   Amber   155

Pamięć słowa   156
   The Memory of a Word   157

Cygańskie dziecko   158
   A Gypsy Child   159

Wdowiec   160
   A Widower   161

Contents

Matka Teresa 162
   Mother Theresa 163

* * * [to myśmy dźwigali . . .] 164
   * * * [it was we who carried . . .] 165

Prośby 166
   Requests 167

URSZULA KOZIOŁ

* * * [Twa ojczyzna . . .] 168
   * * * [Your fatherland . . .] 169

* * * [Taki upał . . .] 170
   * * * [It's so hot . . .] 171

* * * [Ta róża . . .] 172
   * * * [This rose . . .] 173

Odyseusz do Kirke 176
   Odysseus to Circe 177

Wielka pauza 182
   A Great Pause 183

MIRA KUŚ

Alicja w krainie czarów 190
   Alice in Wonderland 191

* * * [Natura daje mi tajemne znaki . . .] 192
   * * * [Nature gives me secret signs . . .] 193

Koniecznie 194
   Absolutely 195

Bezdomność   196
    Homelessness   197

Miłość   198
    Love   199

* * * [Kamień, który mnie zgniata . . .]   200
    * * * [The stone which crushes me . . .]   201

Moja Matka   202
    My Mother   203

* * * [i tak powoli schodzę . . .]   204
    * * * [and so I slowly descend . . .] 205

KRYSTYNA LARS

Czarny napis   206
    A Black Inscription   207

Bezsenność   208
    Insomnia   209

Wy   210
    You   211

Nagość nas kocha   212
    Nakedness Loves us   213

Piękny wstyd   214
    Beautiful Shame   215

Ono nas słyszy   218
    The Child Can Hear Us   219

BOGUSŁAWA LATAWIEC

Dwa rytmy   220
    Two Rhythms   221

Contents

Lata dziewięćdziesiąte	222
The 1990's	223
Dwa ogrody	224
Two Gardens	225
W śniegu	226
In the Snow	227
Bliscy	228
Those Dear to Us	229

EWA LIPSKA

Obywatel małego kraju	230
The Citizen of a Small Country	231
Instrukcje obsługi	234
Operating Instructions	235
Z cyklu: Wielkie awarie (I)	236
From the Cycle: Great Emergencies (I)	237
Niedorzeczność	240
Preposterousness	241
Nieprecyzyjny opis samotności	242
An Imprecise Description of Loneliness	243
Wybaczcie mi to . . .	244
Forgive me . . .	245
Luxury	246
Luksus	247

LUDMIŁA MARJAŃSKA

Po wielokroć	248
Repeatedly	249

Contents

Czarny kamień   250
    A Black Stone   251

Pętla   252
    The Noose   253

Modlitwa   254
    A Prayer   255

Osiemdzięsiecioletnia Pani w Wolterowskim Fotelu   256
    An 80 Year Old Woman in a Voltaire Chair   257

Wyzwolenie   258
    Deliverance   259

KRYSTYNA MIŁOBĘDZKA

* * * [gdyby . . .]   260
    * * * [if . . .]   261

* * * [z ran mi zadawanych . . .]   260
    * * * [from wounds inflicted . . .]   261

* * * [spowiadam się . . .]   262
    * * * [I confess . . .]   263

* * * [zapisać siebie ciebie . . .]   262
    * * * [to write down me you . . .]   263

* * * [zamordowany dnia 19 października . . .]   264
    * * * [Murdered on October 19 . . .]   265

* * * [droga od ciebie do mnie . . .]   264
    * * * [the road from you to me . . .]   265

* * * [to jest ogromne my . . .]   264
    * * * [it is a huge we . . .]   265

Contents

* * * [Jestem. Współżywa . . .]   264
    * * * [I am. Co-living . . .]   265

MAŁGORZATA MISIEWICZ

* * * [szczury uciekają . . .]   266
    * * * [rats are escaping . . .]   267

* * * [białe prześcieradło . . .]   268
    * * * [white sheet . . .]   269

* * * [noc czeka . . .]   270
    * * * [the night awaits . . .]   271

* * * [wolność bez pamiętania . . .]   272
    * * * [frcedom without remembering . . .]   273

* * * [poprzez swoją gotowość . . .]   274
    * * * [because ot our reudincəo . . .]   275

* * * [przekazujemy sobie tyle . . .]   274
    * * * [we cxchange so much . . .]   275

* * * [owoc owocuje . . .]   274
    * * * [a fruit matures . . .]   275

* * * [nie patrz . . .]   274
    * * * [don't look . . .]   275

* * * [pośrodku naruszonych . . .]   276
    * * * [among the touched . . .]   277

* * * [to co, że historia . . .]   276
    * * * [so what that the history . . .]   277

* * * [a ja wiem . . .]   276
    * * * [and I do know . . .]   277

RENATA MARIA NIEMIEROWSKA

Quincunx   278
        Quincunx   279

Piec   280
        The Furnace   281

Solve et Coagula   282
        Solve et coagula   283

Miejsce   284
        A Place   285

Czułość   286
        Tenderness   287

Pleroma III   288
        Pleroma III   289

Pleroma IV   290
        Pleroma IV   291

JOANNA POLLAKÓWNA

* * * [Więc dokąd . . .]   292
        * * * [So where to . . .]   293

* * * [Co potem . . .]   294
        * * * [What next . . .]   295

Starość   296
        Old Age   297

Kobieta z mężczyzną   298
        A Woman and a Man   299

* * * [Znówu modlitwa . . .]   300
        * * * [Again a prayer . . .]   301

Contents

Ciemność 302
    Darkness 303

HELENA RASZKA

Garbaty Ikar 304
    The Hunchbacked Icarus 305

Sytuacja w języku 310
    The State of the Language 311

Tajemnica 312
    A Secret 313

Wstępne zeznania 314
    Preliminary Depositions 315

Z uwięzienia 316
    From Imprisonment 317

Credo 318
    Credo 319

ALICJA RYBAŁKO

* * * [Język polski . . .] 320
    * * * [The Polish language . . .] 321

Wiersz o głodzie 320
    A Poem About Hunger 321

prawie 322
    almost 323

Modlitwa o owoc zakazany 324
    A Prayer for the Forbidden Fruit 325

Spotkanie w autobusie 326
    A Meeting on a Bus 327

te kobiety 328
    these women 329

Modlitewka 330
    A Little Prayer 331

Curriculum Vitae 332
    Curriculum Vitae 333

Jeśli nazwać 334
    When Called 335

DAGNA ŚLEPOWRONSKA

* * * [Psu, który szarpał . . .] 336
    * * * [The dog tugging . . .] 337

* * * [W pudełku po butach . . .] 338
    * * * [In the shoe box . . .] 339

Matka Boska Rzeźna 340
    Our Lady of the Slaughterhouse 341

* * * [Pewien mistrz japoński . . .] 342
    * * * [A certain Japanese master . . .] 343

* * * [Pękł płomień . . .] 344
    * * * [The flame cracked . . .] 345

Anna 346
    Anna 347

KATARZYNA SUCHCICKA

Haiku 348
    Haiku 349

Biologia się uśmiecha 348
    Biology Is Smiling 349

Contents   xvii

Dwoje   350
        The Two   351

Wina   352
        Guilt   353

Stygmat   354
        A Stigma   355

Wieczna kobiecość   356
        The Eternal Feminine   357

Akt miłosny   358
        Love Making   359

Jednak   360
        And Yet   361

Sposób istnienia   362
        A Means of Existence   363

ADRIANA SZYMAŃSKA

Oda do mężczyzny   364
        Ode to a Man   365

My   368
        We   369

Wyrok   370
        A Sentence   371

Przepis na co dzień   372
        Prescription for Every Day   373

Moja córka i Franz Kafka   374
        My Daughter and Franz Kafka   375

WISŁAWA SZYMBORSKA

Koniec i początek   376
    The End and the Beginning   377

Tortury   380
    Tortures   381

Może to wszystko   384
    Perhaps This Is All   385

Miłość szczęśliwa   388
    A Happy Love   389

Portret kobiecy   392
    Portrait of a Woman   393

Kot w pustym mieszkaniu   394
    A Cat In An Empty Apartment   395

Niektórzy lubią poezję   398
    Some Like Poetry   399

AGATA TUSZYŃSKA

Inaczej   400
    Differently   401

List do Grogorija Kanowicza   402
    A Letter to Grigory Kanowicz   403

W wagonie   406
    On a Train   407

Ogłoszenia drobne   408
    Classified Ads   409

Contents
xix

Zakaz 412
Pytanie 412
* * * [— weź wszystko . . .] 412
Próba ucieczki 412
* * * [palę mosty . . .] 412
Trzeci brzeg 412
Ocalenie 412
Wiara 414
    Prohibition 413
    Question 413
    * * * [— take it all . . .] 413
    Attempt at an Escape 413
    * * * [I am burning bridges . . .] 413
    The Third Shore 413
    Salvation 413
    Faith 415

* * * [zegar tłucze się . . .] 414
    * * * [the clock rattles . . .] 415

ZOFIA ZARĘBIANKA

* * * [My, którzy zapomnieliśmy już . . .] 416
    * * * [We, who have already forgotten . . .] 417

* * * [Jak oswoić . . .] 418
* * * [Nie, nie wystarcza . . .] 418
* * * [Czasem wystarcza . . .] 418
    * * * [How can one tame . . .] 419
    * * * [No, I am not satisfied . . .] 419
    * * * [Sometimes just presence . . .] 419

Prośba 420
    A Plea 421

* * * [Kwiaty na stole . . .] 422
* * * [O zachodzie słońca . . .] 422

* * * [Flowers on the table . . .]   423
* * * [At sunset . . .]   423

* * * [Czarny kret . . .]   424
* * * [A dzisiaj obudzisz mnie . . .]   424
* * * [W ciszę . . .]   424
* * * [Jakże ja z ciężkim bagażem . . .]   426
        * * * [The black mole . . .]   425
        * * * [And today you'll wake me up . . .]   425
        * * * [Into the silence . . .]   425
        * * * [How can I stand before you lord . . .] 427

Biographical Notes on the Poets   428

INTRODUCTION

"Amber — life captured. Imagination set free."*

Beautiful and lasting, varied in its hues, shapes, and luminosity, amber symbolizes to me Polish women's poetry. It is a stone very common in Poland; generously dispensed by the Baltic sea. Amber embraces and preserves mysterious traces of bygone eras. It embodies the past, yet comes alive when its luster diffuses in the sunlight. Similarly, Polish women's poetry captures life, encapsulates the past, while shedding light and radiance on the present. Metaphorically, the poems included in this volume are a collection of such luminous stones. When placed in a proper light and examined closely, they, too, will render their secrets and reveal their beauty. "Ambers Aglow," therefore, (despite the rather unconventional plural) seemed an appropriate title for this anthology. Its intent is to crumble the walls of ignorance about Polish women's poetry, make the poetry known outside of Poland, and provide a doorway to the understanding of Poland and its culture.

The thirty poets included in this volume range from women with firmly established literary reputations — Julia Hartwig, Urszula Koziol, Ewa Lipska, Wislawa Szymborska — to young poets whose literary debuts occurred within the past few years. Although the anthology presents voices of women from various generations, all of the poems are relatively new, dating from the years 1981-1995. Some of the poetry is likely to be accessible to American readers; some may require the readers' reorientation from direct and confessional poetry to the abstract, allegorical, political, metaphysical, or philosophical. Some poems will touch the heart; others will stir the intellect. All will bring a greater awareness of the Polish poets' sense of themselves.

Poland has often been in the headlines since the collapse of its Communist regime, and the steady flow of media reports on the status of Polish women continues. Thus, it is generally known that, while as a country Poland has gained new freedoms, Polish women's standard of living, overall, has deteriorated. In the face of rampant unemployment they are a group most negatively affected; the rights and privileges taken for granted under communism — paid maternity leaves, health care, child care, access to education — are now either decreasing or disappearing. Moreover, as a result of tremendous pressure by the Catholic church, Polish women's reproductive rights have been greatly compromised. Women's lives have become much more complex and confounding.

Yet what the media do not report are reliable accounts of the ways all the changes have been internalized by Polish women; of what the reality behind headlines is, and not only in the homes, but in the most private arenas of the mind and emotions. Polish women's recent poetry, to resort to Paul Valery's phrase, is "at the meeting point of mind and life." The poets have been inscribers of both the external changes and the process of their internal change. Their poetry offers valuable insights into the poets' attempts to come to terms with the legacy of Communist rule at the most personal level. One can discover in Polish women's poetry indications of how they position and define themselves in the substantially altered environment; how they perceive and experience their personal circumstances and the new political, social and cultural context. A close scrutiny of their writings reveals that they articulate their world not only eloquently, but also honestly, often exposing their undisguised selves.

Several preoccupations are quite apparent in Polish women's recent poetry, such as close examination of themselves as women, re-examination of their past and present roles, re-examination of Poland's history, and ways of coping with the ideological disorientation. While other themes can certainly be noted as well, to make any generalizations about Polish poetry of the past few years, or about Polish realities for that matter, would be premature. The dust has not settled yet after the watershed year of 1989. The traumas of martial law imposed on December 13, 1981 and of the four decades of communist rule are still quite vivid in the Poles' collective memory.

Like much of the post-Commmunist Europe, Poland is still in a state of turmoil. Even local observers whose judgments tend to be sound, e.g., the literary critic Marta Wyka, view the current situation as one of chaos.(In a desperate attempt to cling to rationality, Wyka advocates serious studies of that chaos to achieve a kind of secondary order, or a semblance of order.)** In trying to discuss the new voices and tonalities in Polish women's poetry, therefore, one cannot make any definitive conclusions.

Literature is rarely a direct or simple reflection of life. The complex relationship between art and life, between the real lived experience of women and their creative expression, and also the mediated relation between art and politics must certainly be kept in mind while reading this volume. There are pitfalls in establishing direct correlations between the authors' lives and their creative work, or searching for the roots of their writing in their biographies. Even when there is a certain confluence of life and art, some poets respond instantly and directly to events, while others are so absorbed in their subjective private experiences that they seem to be oblivious to external changes and pressures. All the above caveats notwithstanding, much of the content of Polish women's poetry is related to the cauldron of Polish history. In examining their poems it is hard to ignore the telltale signs that the vast majority of Polish women poets have been inspired by their recent experience and that they count on that lived experience to establish an emotional, axiological and ideological bond between themselves and their readers.

Poetry, in Julia Kristeva's words, is "the deepest form of historical writing." Polish women's recent poetry, indeed, offers gripping testimonials to the turbulent times of personal and collective re-definitions. Poetry is also, to quote Professor Helen Vendler of Harvard, a "history and science of feeling."*** And Polish women's recent poetry is a sensitive barometer of moods. It renders accessible and apparent what no journalistic account, history book, or sociological study can. It utters the unutterable, making visible in language that which is innermost, sometimes fleeting, and which history has often passed over in silence.

The poet's creative process entails a tension between artistic originality and reliance on tradition, between experimentation and preservation of continuities. Predictably, given the number of poets represented in the anthology, a whole range of choices within this spectrum will be evident. Some poets have relied on — and revived — traditional poetic devices. Others have opted for very innovative artistic means. At one end of the spectrum are poets like Dorota Chroscielewska, Anna Janko, or Ludmila Marjanska who wrote some of their poems in carefully calibrated rhymed verses.(My translations attempt to preserve the rhyming patterns.) Marzena Broda also attaches much significance to the technical aspects of her poetry, relying on a fairly regular system of versification, on rhyme and alliteration. Broda's poems are largely rhythmical and syllabic. In her most recent volume(Cudzoziemszczyzna, 1995) she resorted to traditional poetic forms like sestina and tried her hand at the threnody, villanelle, elegy and ballad. (Yet, as she herself admitted in a letter to me, "form is a certain necessity and barrier imposed on language, so I sometimes change the means of expression, i.e., I loosen the flow of the sentence to make it more conversational and colloquial . . .(to free the verse for a while from the corset I impose on it.")

At the other end of the spectrum are poets who attempt to transcend the poetic conventions, create neologisms, write in shuttered phrases, display their verbal gropings, and often test the limits of the Polish language, as if to insinuate its inadequacy. Krystyna Milobedzka, e.g., subverts idioms, bestows new meanings on conventional words, offers contradictory statements within her poems, often even within the same line. She juggles words, approaching them almost phenomenologically, from many angles, as if exploring and revealing their possible new meanings.

Although stylistically diverse, the vast majority of Polish women's poetry is written in free verse. Sometimes, as in the case of Urszula Koziol's "Odysseus to Circe," the poem relies on internal meter or rhythm. Mira Kus's poems are based on rhythm accomplished by distribution of accents and pauses. Anna Frajlich's poetry is heavily dependent on cantilena, i.e., on the organization of poems based on sounds. Overall, however, rhymed poetry is more and more overshadowed by poetry written in free verse. The denouements of most recent poems by Polish women tend to be conceptual rather than rhetorical.

While a few poets rely on complicated architectonic structures, a more pervasive and striking feature of Polish women's poetry since 1981 is a heavy reliance on short forms. Many poems are almost aphoristic in nature, or imitative of brief Oriental forms. This may be a reflection of Polish women's more fragmented daily life, and thus their more concise expressions; or Poland's greater openness to the world, and specifically to oriental influences; or perhaps simply a reflection of the poets' post-modernist sensibilities. While short, pithy poems are not entirely new in Polish women's writing (notable precedents can be found in the poetry of Maria Pawlikowska-Jasnorzewska or Anna Swirszczynska), the number of poets resorting to short forms and the high incidence of short forms in their poetry are quite conspicuous.

Katarzyna Suchcicka's poem titled "Haiku" may serve as an example of a brief poem, in which, however, brevity does not compromise the poem's conceptual fecundity and affecting imagery. The poem reads:

W srebro wtopiony wstydliwie kamyk
W otoczce lsnien ciemny —
Kobieta.

> A stone melted bashfully into silver
> Dark in a setting of glistenings —
> A woman.

Brief yet beautiful, the poem points to the mysterious quality of a woman who is like a stone (amber?). The image insinuates the woman's great worth; the implied comparison is to a jewel in a brooch or a ring. The setting increases the value of the stone. Yet the stone is dark in comparison with the glitter surrounding it. Its darkness is mystifying and contrasts with the "glistenings," the luminosity or radiance that forms the setting of the stone. Perhaps the "glistenings" outshine the stone, thus making it seem dark; or the "glistenings" emanate from the stone, suggesting its brilliance.

Although the woman is equated with a precious stone, she is shy, confined by the setting, and melted into another substance. There is an implication of her lack of autonomy, her imprisonment and insecurity — note the word "bashfully." Yet the word "bashfully" (wstydliwie) also implies shame (wstyd), and, if so, the question arises who "owns" the shame, i.e., who should feel ashamed?

While stones are known for their firmness and thus the reference to the stone might signal strength, the woman is compared to a melted stone, thus the strength has been discredited. The image of a stone in a setting may also suggest a preciousness, both in the sense of its value and its over-refinement. The poet's use of the diminutive form of the noun "stone", i.e., *kamyk* (and not *kamień*), corroborates the sense of a little precious object.

This brief poem may be read as a diagnosis of the status of Polish women today: their potential and value, in spite of their self-effacing qualities or entrapment; their elevation into symbolic status, e.g., of Matka Polka (Polish Mother) with its lofty connotations of strength, heroism and dedication, yet the overall confinement and darkness of the women's reality.

The poem also implies the Polish women's ambiguous position within the patriarchal order: their sense of imprisonment in conventional roles, their veiled subjugation, their unconscious acceptance of patriarchal values, their great potential, yet personal and political disempowerment. Miraculously, "Haiku" conveys the tremendous complexity of woman's lot in a mere ten words.

Suchcicka's "Haiku" is an attempt to present woman's experience from a woman's point of view. Other poets included in this anthology appear to have a similar goal of revealing the "female gaze." They focus on aspects of existence which are specifically female, or offer distinctly female perspectives. "Stigma," the title of another poem by Suchcicka, brings to mind Christ's stigmata, yet implies a distinct form of women's victimization. The woman's stigma, her "eternal womb," is more likely her bleeding uterus. The poem is a plea for freeing woman to be a human being, and liberating her from expectations that she merely fulfill her biological destiny. In the context of the traditional Polish view of woman's role, and now in view of the blatant intrusions of the Church and the government into women's private lives, the plea for the right to "simply live without remembering her gender" becomes all the more poignant. Yet the traditional role of a caretaker is extremely hard to abandon; the persona of the poem still wants to take care of the world and bring peace to it.

Lately, Polish women have been pressured more and more

forcefully to assume the traditional roles of mothers, housewives, caretakers. While they played those roles during the Communist era as well, typically carrying the double yoke of professional obligations and full responsibility for domestic chores, under the circumstances of economic transition, the options for professional opportunities are diminishing. As a result, many women, including highly educated ones, find themselves frustrated and confined. These feelings are revealed in Alicja Pochylczuk's poem "Arachne," in which she rejects a woman's traditional role as a housekeeper. Woman's entrapment in marriage and domesticity is summed up in an image of a spider caught in a cobweb. The poet distinctly does not agree with the view so strongly promoted by the Catholic Church — that traditional female roles are ennobling.

Polish culture has consistently downplayed women's gender and sexuality as categories of identity. What is more, the male perspective is inscribed in Polish culture so deeply that — with the exceptions of a few women writers during the inter-war period (1918-39) — the male point of view has been assumed by both male and female writers. This, however, is beginning to change. Polish poets are gaining awareness of gender as a component of identity formation. They are freeing themselves from conventional views of their gender and breaking away from the mindsets of the past. There is increasing evidence in poetry written in the late 1980s and 1990s that women are rejecting the handicapping stereotypes and reclaiming their autonomy as women and artist. Such natural phenomena as menstruation or pregnancy, and subjects like ambivalence related to motherhood, all of which were taboos, have lost the odium of impurity or shame and are now openly discussed.

The defensive gesture of repudiating feminism, while, in fact, agreeing with its precepts ("I am not a feminist, but I believe in equality...") has given way, more and more often, to women's public admissions of their feminist views. Several poems included in this volume attest to this. An explicit public declaration can be found in Malgorzata Hillar's introduction to her posthumous volume *Gotowość do zmartwychwstania* (*Readiness to Resurrection*, 1995) which she prepared for publication just months before its appearance. She wrote:

I am a feminist. Of course, not a fighting one, since,

as I have stated at the beginning, I have long ago
eliminated the word —fight— from my vocabulary. I am
a woman-feminist, fully aware of my femininity and
accepting this femininity, that is, my otherness.
I have never attempted, and still don't attempt to
resemble a man within the context of equal rights, rather
— I cultivate my otherness, being aware at the same time
of the evident discrimination against women. Social, economic,
political, religious and every discrimination. I think
that this discrimination can be seen by every clear-
thinking human being.

Such a pronouncement is exceptionally daring even in the liberalized
atmosphere of today's Poland. It goes against the grain of deeply
entrenched and sanctioned traditions. It is also all the more surprising
since Hillar (1930-1995) was never perceived as a radical.

While more guarded than Hillar, Wisława Szymborska, one of
the most popular poets in Poland and the recepient of the 1996 Nobel
Prize in Literature, also made daring statements in defense of women's
status. In a 1993 interview with Beata Chmiel, editor of *Ex Libris*, a
literary supplement to ÷ycie Warszawy, the poet stated:

Perhaps there was a time when a woman's world did exist,
separated from certain issues and problems, but at present there
are no things that would not concern women and men at the
same time. We do not live in the *boudoir* anymore.****

Even when Polish women do choose the conventional roles of
mothers and housewives, recently their motives have changed. Now
they do so not as obeisance to the traditional values, but to reclaim
the private realm and distance themselves from the corrupt public
domain in which they were forced to participate under Communist
rule.

Some groups among Polish women whose voices are heard more
often, and who have been generally ignored in Polish literature until
now, are lesbians and older women. There is some explicitly
homoerotic writing (e.g., Izabela Filipiak, particularly in her prose).
In the past few years a large number of poets have also written of

grappling with the aging process. Julia Hartwig, Anna Janko, Urszula Koziol, Ludmila Marjanska, Zofia Zarebianka and Wislawa Szymborska, among others, and earlier also Anna Swirszczynska (e.g., in her volumes *Szczęśliwa jak psi ogon* (1976) and *Radość i cierpienie* (1985)) have foregrounded the older woman in their poetry.

Janko's poem "On the Threshold Which Remained," offers an interesting image of woman's changing selves. Her corporeal self and her consciousness are juxtaposed. A succession of different selves inhabits the body of Janko's persona. The selves consecutively replace one another, within the confines of the "hospitable skin." And whereas the reference to the "surplus" of skin may be read as a negative indication of aging (i.e., as a an acknowledgment of wrinkles), there is a dynamism emanating from the poem. The selves keep running through the body, pushed out by the persona's latest self, unwilling to live up to the promises given by a former self.

While Janko's poem reflects the voice of an assertive older woman, other poets, like Zofia Zarebianka, bemoan aging and express their plea for youth in a more conventional way, often in the form of a personal prayer. In her poem "A Plea" Zarebianka writes:

> With soft grace
> like with a flannel rag
> wipe off
> the worry
> from the dusty face
> May it shine anew
> with youth.

Her imagery is simple, yet touching. It issues from the domain of domesticity and a woman's most conventional tasks — dusting and cleaning.

Ludmila Marjanska, a recent president of the Polish Writers Union, presents a more complex and philosophical view of aging. Her poem "The Noose" reveals her existential preoccupations, and her awareness of the effort involved in giving meaning to one's later years; the reliance on religion for salvation from the oppressiveness of daily life, and the dangers an older woman faces in Poland of losing her selfhood and being exploited by her children and grandchildren.

In addition to the iconoclastic transvaluation of women's roles, Polish poets appear to be searching for a delicate balance between doubt and belief in the purposefulness of political involvement, and, more broadly, a balance between hope and despair. Lately, the scales seem to be tipping more and more toward hopelessness. This is quite evident in Ewa Lipska's poetry, e.g., in her poem "An Imprecise Description of Loneliness." In fact, Lipska has written a number of poems about the frustrations and disappointments of the political, cultural and economic reconstruction of Poland. In her "Instrukcje obslugi" (Operating Instructions) the operative metaphor is of someone trying — in vain — to make a machine work by pushing various buttons. The first line ("Probuje uruchomic panstwo ...") indicates the machine is a country, and it is quite apparent that Lipska is referring to Poland.

Urszula Koziol, an outspoken critic of all authority, has also written poetry suggestive of her loss of faith and her sense of the futility of words to effect change (see, e.g., Koziol's untitled poem beginning with the line "It's so hot"). Likewise, Anna Czekanowicz in "Koniec historii" (The End of History) expresses a similar sense of the great difficulty of writing under the changed circumstances, and so does Boguslawa Latawiec in several of her poems, particularly "Lata dziewiedziesiate"(The 1990s). Given the chaotic and even hostile environment in which Polish women poets live, such views are hardly surprising.

What is both surprising and encouraging is Wisława Szymborska's non-alarmist perspective. One of the most profound and intellectually probing poets, with a penchant for crisp philosophizing and attenuated language, Szymborska consistently expresses a life-affirming attitude. She never permits herself any poetic pontification or jeremiads. Instead, in her controlled and almost aloof tone, she raises original and unsettling questions about human nature, the precariousness or sense of human existence, or man's place in the cosmic order. While dealing with highly personal experiences, the poet avoids confessional poetry or references to current events. She transforms her observations issuing from personal experience into poems of general nature, touching upon the universal and even the cosmic. (In her poem "Perhaps It's All" she presents mankind as a species being observed in a galctic laboratory by some unidentified extraterrestial beings.) Szymborska can be seen as a defender of the individual, despite her keen awareness of human shortcomings. Her poetry is permeated with tenderness and compassion for humanity and a great dose of hopefulness. Groping for understanding and hope she relies on her words.

Many other poets likewise firmly believe in the survival of their words and the power of words as anchors in reality, as lasting testimonials to women's presence and creativity. Words are the fabric out of which they weave their lives and their legacies. This is a recurrent motif in Polish women's poetry. Barbara Brandys, e.g., wrote:

> in the Spring apple trees bloomed
> and I wished to remain
> in the word of my own poem.(p.65)

Marzena Broda expressed a similar sentiment in her poem "Words":

> ... I feel the world's
> weight and I wish that only my words would remain when I
> am gone.
> I touch them with my tongue and already know — they'll
> never end.
> (p.75)

Other poets underscore the transformative power of words. Marianna Bocian, e.g., wrote:

> the everpresent limitations
> can only be transcended by a sensible Word
> injecting into the infinitude
> the brightness of life. (p.51)

Mira Kus put it more drastically:

> The stone which crushes me
> I turn into words. That's why often

there's the harshness of stone in my words, and my speech
is impetuous and jagged. (p.184)

And Dorota Chroscielewska presents a more ambivalent vision,
granting words the potential to create new worlds, yet seeing their
limitations and frailty.

What happiness does one need
to build anew
out of whizzing and lame words
a world of dignity and calm.(p.77)

For most Polish women poets words are a primary way of tying sense
into a whole. Their poetry seems to be carrying them through political
storms as well as personal and spiritual ones.

The landscapes they map often include religion and spirituality.
And they explore them intensively. Some poems are constructed in a
manner evocative of religious texts and assume the form of intimate
personal prayers; others are supplications on behalf of other women,
or the nationas a whole. On occasion, the poems transform into
dialogues with God, or even contain blatant criticism of God. The
tenor and imagery of these poems are striking. Maria Bigoszewska,
who questions God in a number of her poems, accuses Him, by
implication, of having created a dismal reality, which she presents in
images reminiscent of Bruegel's hell (p.38). In her poem "Credo"
Helena Raszka is even more irreverent. She offers a variation on the
theme of a well known prayer, preserving even its cadences and
internal rhythm, but repeatedly stressing her belief in man, not God.

Another dominant theme in Polish women's poetry is the
uncompromising re-examination of history, particularly recent
history, with special attention to facts and events ignored or distorted
during Communist rule. Marianna Bocian's "December 13" (the title
refers to the date of the imposition of the Martial Law in 1981),
Barbara Brandys' "In the Katyn Forest," Boguslawa Latawiec's "The
1990," or Ludmila Marjanska's "Repeatedly" are all cases in point.
Some poets have a highly refined sense of history. In her poems
"Reading Gibbon" and "Majority of Votes," Anna Frajlich, e.g.,
comments on current events under the guise of references to ancient

history. Although she is an emigre poet, having left Poland in 1969, she is a very keen observer of the Polish scene, a poet committed to the Polish language, and one widely read in Poland. In the "Majority of Votes," while ostensibly writing about the death of Socrates, she is in effect commenting on the abuses of the democratic process, imparting an important lesson to the citizen's of Poland who were savoring the newly gained freedoms.

A corollary of the trend of re-examining history is the renaissance of interest in the holocaust and the Jewish presence in Polish culture. Anna Frajlich presents these issues in her deeply touching poem "The Children's Room in the Yad Vashem Holocaust Museum in Jerusalem," as well as in her poem "Time Doesn't Heal," where, without mentioning them by name, she comments on the glaring absence of Jews in today's Poland. Polish poets of the younger generation, e.g., Maria Bigoszewska or Agata Tuszynska, also write on these themes. Tuszynska seems to have assumed a sense of responsibility for preserving the memory of the traces of Jewish culture in Poland. Her poem "A Letter to Gregory Kanowicz" is a good example of her efforts, as is the biography of I.B. Singer titled *Pejzaże pamieci (Landscapes of Memory)* which she published in 1994.

Poets representing other ethnic minorities have also become more vocal. Alicja Rybałko, who hails from Lithuania, yet writes in Polish, has become a strong presence on the Polish literary scene. Significantly, gypsies have become the subject matter for a few Polish poets (e.g., Salomea Kapuscinska's poem "A Gypsy Child.")

A large number of poets write about the ideological bewilderment of recent years. The poets of the late 1980s and 1990s confront a profoundly complex situation. The previous dichotomy of either building or fighting communism is long gone. Gone is the infatuation with the Solidarity movement. Gone also is the facile socio-political rhetoric. Matters are much more complicated now, since neither politics nor literature are monolithic. Once the dominance of the communist ideology was abolished, differences surfaced with great force. Poets, like all citizens of Poland, have to find their individual ideological paths.

In response to this confusion, and perhaps to avoid politics altogether, some poets have opted for mysticism and opened

xxxiv   *Introduction*

themselves to a kind of syncretic spirituality, tapping into Oriental or kabbalistic wisdom rather than Catholicism (e.g., Renata Maria Niemierowska). Others have opened themselves to the influences of the more immediate East. Marzena Broda, e.g., writes metaphysical poetry inspired by Russian poets (e.g., Anna Akhmatova, Marina Tsvetaeva). Many poets openly reject the traditional Catholic/ nationalistic/patriotic ideological baggage typical of Polish culture in favor of a more open and inclusive world view.

Recent Polish women's poetry can be perceived as both a result and an agent of change. W.B. Yeats' verse — "how can we know the dancer from the dance?"— provides an apt image to reflect the situation. Indeed, Polish women poets dance with change as best they can, and they recognize its inevitability. As Niemierowska put it in her philosophical poem "The Furnace":

> The absurd has been our garden of knowledge, this
> century's deity,
> . . .(Indeed, our alchemy — hope
> Is fanned by wormwood bitterness
> And the cruel change.

Polish women's poetry is filled with anxiety generated by the swirling chaos of the present and the discoveries issuing from the re-examined past. Yet it never swerves in its attention to personal meaning. It is a poetry in which the private and the public converge.

Little known in the West and written in a language with minority status, Polish poetry is very difficult to translate. It emanates from a "high context" culture, in which words have complex connotations, and resonate with other words, historical references and political content. Poems written in Polish, per force, convey much more to native speakers of the language than the English translations can ever convey to American readers. To offer some illustration, in the poem "Love" Mira Kus compares love to "a bike ride in the clouds"(prejażdżka w chmurach na rowerze). The poet follows the phrase with a parenthetical addition — "no allusions please." She is referring to imolied term "pedal", which in colloquial Polish denotes a homosexual. Such veiled allusions are virtually impossible to render in the English versions. In the case of Wisława Szymborska, her ostensible simplicity on the linguistic level, still does not render her poetry fully accessible. In fact, the simplicity is rather deceptive. A poet of delightful inventiveness and prodigious imagination, Szymborska is a very difficult poet to translate because of her sonse of irony and ever so subtle wit, which are extremely hard to convey in another language. Moreover, the tonal effects of Polish poetry, its musical quality, are often inescapably lost in translation. These unavoidable obstacles dictated the choice of poems for this volume, as well as the decision to make the anthology bilingual. Some excellent poems have not been included in the anthology because their linguistic density, tonal complexity or rather involved architectonic structure rendered them insufficiently "legible" in English. Dominant in this volume are poems which foreground the semantic content, are likely to be accessible to American readers, and in which greater emphasis is placed on the lexical rather than phonetic aspect.

By their very nature, all anthologies are unfair both to the poets included in them and those not included. The former may question the editor's choices and the representativeness or extensiveness of the selections. The latter may feel slighted altogether. Apologies are extended in advance to both groups. A serious attempt was made to offer a representative sample of each poet's work, of poets from various generations, and various geographical regions of Poland, and of the diversity of poetic styles. The primary criteria for the selection were the artistic value and the potential translatability of the poems into English.*****

The alphabetical arrangement of this volume is quite intentional. It was meant to render the book "user friendly," given the difficulty many readers have with Polish names. Above all, however, the intent was to avoid the appearance of favoritism or arbitrary imposition of thematic divisions. While some dominant themes of the poetry have been signaled in this introduction, the alphabetical arrangement may invite the reader to an independent exploration of the range of thematic preoccupations and artistic devices present in Polish women's poetry. The alphabetic arrangement seemed less intrusive into the readers' process of discovery.

Women's poetry is often treated condescendingly in Poland. While exceptions are made for a few poets, most notably Wislawa Szymborska, Julia Hartwig, Urszula Koziol and Ewa Lipska, many other excellent poets are not treated with the respect they deserve. In anthologies of Polish poetry - both those published in Poland and those published in the West — women are minimally or, at best, less generously represented, as if they were artists of a lesser caliber. One hopes that this book will prove the condescending attitude unfounded by revealing the beauty, richness, complexity, and power of Polish women's poetic accomplishments.

Regina Grol
Empire State College
State University of New York

NOTES

* I am indebted for this quotation to the advertising for an exhibit on amber at the Museum of Natural History in New York City in the Fall of 1995.

** Marta Wyka, "Glosa do artykulu Jana Prokopa," Arkusz(Glos Wielkopolski), November 1994.

*** Quoted from Helen Vendler's description of her course on poetry in the Course of Instruction catalogue, Harvard University, 1993-4.

**** Quoted from *The New York Times*, October 4, 1996.

***** Regrettably, the great poet, Anna Kamienska, was not included in the anthology because I was unsuccessful in obtaining translation rights. Some very promising young poets (e.g., Manuela Gretkowska) have not been included because of limitations of space.

AMBERS AGLOW

Zofia Badura

*   *   *

To nie jest widok
dla dzieci.
Kiedy wisimy na nitce.
I, kończąc bajkę o trzech
prosiaczkach, jąkamy się ze strachu.
Trzeba widzieć, jak nas tu
traktują!
Tak, jak na to zasługujemy.
Ale dzieci (tylko one)
przychodzą,
przychodzą,
żeby nie bać się przy nas
w ciemnościach.

Zofia Badura

*   *   *

This is not a sight
for children.
When we hang by a thread.
And, having told the story
of three little pigs, we stutter out of fear.
You should see how we are being
treated here!
But children (they alone)
come
and keep coming,
so that next to us they won't be afraid
in the dark.

Zofia Badura

*   *   *

Prawda, mała prawda jest znowu
naszą ulubioną alegorią. Ale
nie widujemy jej nago. Nosi
takie oschłe sukienki,
czerwone rękawiczki
na marznących palcach.
Pytania czysto krzyżują się
w powietrzu. Przywódcy
oblizują pełne wargi.
I nie jesteśmy już
ani tacy młodzi, ani nieprzekupni.

*   *   *

Truth, little truth is again
our favorite allegory. But
we never see it naked. It wears
such drab dresses,
red gloves
on the freezing fingers.
Questions cleanly cross
in the air. Leaders
lick their full lips.
And we aren't
so young anymore, nor incorruptible.

*   *   *

Tak łatwo marzniemy,
choćby lato było nie wiem jak
długie. Gdzież są zapasy?
Dokąd możemy pójść?
Skoro byliśmy głupcami, teraz
starymi głupcami jesteśmy.
Mroźny palec
już nas poszturchuje.
Roją się raźne głosiki
spikerów. Zima
i tak nas złapie.
Strąci czerwone czapki
z głów.
Dzieci niech biegną przodem,
niech się nie odwracają.

* * *

We freeze so easily,
no matter how long the summer.
Where are our provisions?
Where can we go?
Since we were fools, now
we are old fools.
The frosty finger
is already poking us.
Vigorous voices of announcers
abound. Winter
will seize us anyway.
It'll blow red caps
off our heads.
Let the children run ahead of us,
let them not turn around.

Zofia Badura

*   *   *

Śmierć jest szczurem, biegnącym
w trawie nad kanałem, w miejscu,
gdzie zwykło się wypatrywać fiołków.
Jasnowłosy redaktor czyta jakieś
wiersze, porusza gumowymi wargami
dobrotliwie: z tego się wyrasta
jak z zabawy lalkami. Oto
ostrzeżenia i wyroki, suche klaśnięcia,
mroczne wyliczanki! Biegnie, biegnie
przebiegły szczur przez salę lalek,
salę dzieci i salę dorosłych.

*   *   *

Death is a rat, running
in the grass along the canal, in the place,
where one usually looks for violets.
A fair-haired editor reads some
poems, moves his rubber lips
amiably: you outgrow it as you outgrow
playing with dolls. These are
the warnings and decrees, dry applause,
dark calculations! The cunning rat
runs, runs across the dolls' room,
the children's room and the grown-ups' room.

*   *   *

Maturzyści mówią o cierniach
i gwiazdach. Zacinają się lekko.
Kto się z nich nie śmieje?
Chyba Bóg i matki - jego ptaszydła
ochrypłe, ciężko doświadczone.
Płoną policzki zanurzane
w chłodnych obietnicach.
Nasze podejrzane oferty łyka
świat. Matki popychają nas
ukradkiem - tędy, tędy,
ustawiajcie się, z gorliwą świeżością,
wobec podstępów,
wobec strasznych nieporozumień.

*   *   *

High school seniors facing finals talk of thorns
and the stars. They stutter slightly.
Who doesn't laugh at them?
Perhaps God and mothers—his hoarse
monster birds, bitterly experienced.
The cheeks steeped in cool promises
are ablaze.
Our suspect offers are swallowed
by the world. Mothers push us
furtively—this way, this way,
position yourselves, with ardent freshness
against cunning,
against terrible misunderstandings.

* * *

Świat nie jest dobry
dla mamy, ale ona
urodzi mnie. I już obce
dzieci zaczepia nieśmiało.
Nie lubią jej wcale!
Nie będą się ze mną
bawiły. Jedno jest
dyrektorem i mamę
odprawia z kwitkiem.
A tamte są lekarzami: brzęczą
okrutnie i lśnią. Toczy się
mama nieludzka. Chwyta pręty
zimnego łóżka. A jaka zła!
Jak zechce, gorsza od
wszystkich.

*   *   *

The world isn't good
to my mother, but she
will give birth to me. And already
she timidly accosts other children.
They don't like her a bit!
They won't play
with me. One is an executive director
and gives mother a pink slip.
The others are doctors: they hum about
cruelly and shine. Mother the inhuman
is rolling. She grabs the railing
of the cold bed. And how upset she is!
If she wants to, she'll be meaner than
everybody.

* * *

Boże, pozwól mi, pozwól
zostać starą nauczycielką.
Daj mi twardym grochem
o ścianę cisnąć, jeszcze!
Boże, wypędź mnie z norki.
Wyprowadź z laurki.
Schowaj mi okulary. Ja
trafię na oślep.
Czułe słowa pierzchają - idę
klekocząc i klaszcząc.
Daj mi być naprawdę
starą i robić coraz więcej
hałasu: wtedy możesz
mnie zaskoczyć. Wtedy
wyjmij ich włosy
z moich zaciśniętych palców.

* * *

God, let me, please let me
become an old teacher.
Let me still toss hard peas
against the wall.
God, banish me from my burrow.
Lead me out of the children's greeting cards.
Hide my glasses. I'll blindly
find my way.
Tender words vanish — I walk
clacking and clapping.
Let me grow really old and make more and more
racket: then you can take me
by surprise. Then
from my clenched fingers
remove their hair.

Urszula M. Benka

Ostatniemu człowiekowi na Ziemi, w godzinę jego śmierci

Ciche nerwowe światło — jak gdybyś słuchał
harfy i szedł o świcie beznamiętnym wybrzeżem
opryskiwany falą
czując niemożliwość tego instrumentu —

Obojętnie, czy to pierwszy, czy ostatni dzień
ludzkości na planecie, czy to pierwsze spojrzenie myślące
w całym spaźmie nowej świadomości, czy bezładne
rozdrganie ślepych oczu - jak można nie oszaleć
na myśl, że się jest albo będzie
tym wybrańcem —

I właśnie dla Ciebie jedynego z miliardów, na godzinę śmierci
w malignie czy ekstazie, czy też w skupionym i świętym
akcie pokory, o której wiem tyle co nic,

Ze współczuciem, z przejmującym do szpiku lękiem
zbliżam się w tę trudną dla mnie godzinę
jak do swego odbicia w lustrze —

Nowy Jork, 12 września 1991

16

Urszula M. Benka

To the Last Man on Earth, In the Hour of His Death

The light is nervous and quiet — as if you were listening
to a harp and walking at dawn along a passionless shore
splashed by waves
feeling the impossibility of that instrument —

It doesn't matter if this is humanity's first or last day
on the planet, if it's the first thoughtful look
in the whole spasm of new consciousness, or an uncontrolled
quivering of blind eyes — how can one help going insane
at the thought that one is or will be
the chosen one —

And it's just for you, the one out of billions, in the hour of death
in delirious fever or ecstasy, or in a focussed and holy
act of humility, about which I know next to nothing,

With compassion, with fear penetrating the marrow
I draw closer in this difficult for me hour
like to my reflection in the mirror —

New York, September 12, 1991

17

Księżyc nad gołoborzem

Ziemia pochłonęła kobietę
już prawie ta kobieta jest glebą już zarasta
bieluniem i szalejem i konwalią
faluje zupełnie jak zioła
sypie się zupełnie jak żwir
połyskuje tak samo jak nefryt
i jak kwarc i jak kalcyt
Księżyc zwalnia nad tą swoją czcicielką
stara rdza obok rąk tej kobiety
była kiedyś nożem ofiarnym
była kiedyś naczyniem ku czci
czegoś co ta kobieta tylko ciosem
potrafiła wyrazić
i wylewać dokoła siebie
Księżyc też tylko ciosem nagłej bieli
w ciemności odpowiada jej zza chmur
tylko chlustem blasku po głazach
jej dotknie

Wrocław, 13 grudnia 1992

The Moon Over a Denuded Forest

The earth swallowed up a woman
the woman is almost becoming soil, she's already overgrown
with datura, hemlock and lilies of the valley
she undulates exactly like herbs
she spills exactly like gravel
glistens just like nephrite
and like quartz and like calcite
The moon slows down above this worshipper of his
the old rust next to the woman's hands was once a sacrificial knife
was once a vessel in honor
of something the woman could only
express with a blow
and spill around her
The moon also responds to her with a blow
of sudden whiteness
in the darkness from behind the clouds
only with the splash of glare on the rocks
will it touch her

Wrocław, December 13, 1992

Dotyk i smak

Ciężkie, dojrzałe są owoce: Jowisz,
Saturn, Ziemia, Mars.
Wysypują swoje księżyce,
sikają kropelkami asteroidów.

Tak mówi obcy posępny mężczyzna
dotykając mi piersi.

Siedzę przed ogniem w jego domu;
w wilgoci mojej płci
odbijają się płomienie i owoce,
rozkrojone granaty, wielkie jabłka.

W wilgoci mojej płci
świeci dębowa biblioteka.
Myślę o dębie i o wiekach,
o obrzędach.

Obcy mężczyzna chyli twarz
do mej płci.

W jej wilgoci wklęsło-wypukłej
stara twarz odbija się w czerwieni.

Na masywnym dębie biblioteki
układ planet
i złota z owocami patera.

Katowice, 2 kwietnia 1993

The Touch and the Taste

Heavy, ripe are the fruit: Jupiter,
Saturn, the Earth, Mars.
They spill their moons,
squirt drops of asteroids.

So says the gloomy stranger
touching my breasts.

I'm sitting in his house in front of a fire;
flames and fruit are reflected
in the dampness of my sex,
cut-up pomegranates, huge apples.

An oak library glistens
in the dampness of my sex.
I'm thinking about an oak and about centuries,
about rituals.

The stranger leans his face
toward my sex.

In its concave-convex dampness
the old face reflects in red.

On the library's massive oak
there's a configuration of planets
and a gold patera with fruit.

Katowice, April 12, 1993

Widma

Uśnij. Księżyc błyszczy jak los.
Zapomniałam już nawet twoje imię,
tylko w duszy mej chłopczyk — czujesz? — łyżeczką
przesypuje pustynię,
a ja się do niego uśmiecham coraz lżejsza,
coraz bardziej naga
na piasku.

Phantoms

Fall asleep. The moon glows like fate.
I no longer remember even your name,
only in my soul a boy — can you feel it? — is shifting
a desert with a spoon
and I smile at him as I get lighter and lighter,
more and more naked
on the sand.

Ból

Ostrza ogniste świetliste
Rozmigotany ocean splótł się
Łeb ocean skierował w jaskrawą pustkę

Wrocław, listopad 1992

Ostatnie spotkanie

Za każdym razem, gdy chwytasz mnie w ramiona,wiem
żę to spotkanie jest ostatnim w życiu
i tylko powtarza się przez kolejne noce
w ich czarnych wielogodzinnych lustrach.

Pain

Fiery incandescent spikes
the shimmering ocean has braided itself
and turned its head toward the garish void

Wrocław, November 1992

The Last Meeting

Each time you grasp me in your arms, I know
that the meeting is the last one in my lifetime
and it only repeats itself in the following nights
in their black many-houred mirrors.

Maria Bigoszewska

*   *   *

To jest ciało, a to jest moja krew
osaczona, nie dająca się nazwać
nawet wówczas, kiedy kryje się w przepaściach
śniegu. Tedy słowa moje ważą coraz mniej
a uczynki wołają: Eli, Eli, lamma sabachtani.

Maria Bigoszewska

*   *   *

This is a body, and this is my blood
trapped, unnamable
even when it hides in the precipices
of snow. Then my words weigh less and less
and my deeds cry: Eli, Eli, lamma sabakhtani.*

*Hebrew for "My God, my God, why have you forsaken me?"
[Translator's note.]

* * *

Jak Lewiatan
przychodzisz. Utoczyłeś przygwożdżonej krwi.
Jesteś we mnie. Jesteś we mnie
bardziej niż czekałam
żyjąca, kość z kości
mojej, ostrze
niezmierzone, wkrótce
będziesz umarłym,
małym Żydem.

*   *   *

Like Leviathan
you come. You have drawn nailed blood.
You are in me. You are in me
more than I awaited
alive, bone of my
bone, an unmeasured
sharp point, soon
you will be a dead,
little Jew.

*   *   *

Powiedz mi, proszę, jakże się to stało,
dlaczego dopuściłaś, bym dojrzała, pamiętam,
jak z uśmiechem wpinałaś mi welon.
Na miłość Boską,
przecież powinnaś jakoś to była przewidzieć.

A teraz na podłodze bawi się moje dziecko.
Nie wiem,
co robić.

Razem wołamy: mamo

Nie masz nawet pojęcia,
                                    jak to wygląda naprawdę:
nie jestem jego matką.
W ciemnym kącie siedzi przerażona dziewczynka
i patrzy na to, co niechcący zrobiła
jak na zbity wazonik czy rozlane
mleko. Lampa dawno wygasła i nikogo nie ma.
Nikt nas nie uratuje.
Zaczyna się nowy dzień.

*   *   *

Tell me, please, how on earth did it happen?
Why did you let me grow up? I remember
how you pinned the veil on me with a smile.
For heaven's sake,
somehow you should have forseen it.

And now my child is playing on the floor.
I don't know
what to do.

Together we cry: mommy

You have no idea
                    what it's really like:

I am not his mother.
A terrified little girl is sitting in a dark corner
and looking at what she has inadvertently done
like breaking a vase or spilling
milk. The lamp has long been out and there is no one.
Nobody will save us.
A new day is beginning.

*   *   *

czymże są racje kobiet
na pół zadławionych
krwią
która wypływa z ich ciężkiego serca
jeżeli nawet dzieci
stają się mężczyznami
i odchodzą do innej
wojny

*   *   *

what then are the rights of women
half stifled
by blood
which flows out of their heavy hearts
if even children
become men
and leave for another
war

*   *   *

— Czemu mnie urodziłaś? — pyta moje dziecko.
W odpowiedzi
mogę je tylko pogłaskać
po głowie. Od dawna
nie mam już nic
na usprawiedliwienie

*   *   *

— Why did you have me? — my child asks.
In answer
I can only pat him on his
head. For a long time now
I have had no excuse
whatsoever.

*   *   *

Modlę się tak, jakbyś był.
Jakby to twoje ciało żyło we mnie,
czekając
bez słowa, bez litości.
Przetrwaj. Zjadaj swe młode. Chwytaj węże i psy.
Och, jak zwierzęta. Tak parzymy się,
krzycząc. Wokół dym, czarne błoto.
Rozwleczone, podarte wnętrzności.

*   *   *

I pray as if you existed.
As if it was your body that lived in me,
waiting
without a word, without mercy.
Abide. Devour your young. Catch snakes and dogs.
Oh, just like animals. That's how we mate,
screaming. All around there's smoke, black mud.
And torn entrails spread about.

*   *   *

To, co staje się każdego dnia i nocy.
Wschód i Zachód, wzgórza i doliny.
Ryszard odszedł,
trzeba się z tym pogodzić. Kołyszemy się
na skraju czasu, ja i ty, on, ona,
wszyscy, wszyscy tak godni litości.

* * *

This which happens every day and night.
Sunrise and sunset, hills and valleys.
Richard left,
one has to accept it. We teeter
on the brink of time, you and I, he, she,
all of us, all so worthy of pity.

Marianna Bocian

13 Grudnia

znów zbrodnicza szarość
wypala nam oczy rozpaczą

znów przemeblowanie w piekle
czyni władza zbrojnych kanibali

kto ich urodził hordami łowczych
na jakie owoce stworzenia

cisza wypływa z ukamienowanych
w piekle nic się nie zmienia

idzie ze Słów Witkacego
szare! idzie szare!
rodem z cara!
Ribenttropa
Mołotowa

stara aż od carów darowana nam tu dola
— pusty garnek i niewola

Marianna Bocian

December 13

again criminal grayness
burns our eyes with despair

again the government of armed cannibals
rearranges furniture in hell

who gave birth to these hords as masters of the hunt
and as what fruit of creation

silence flows from those stoned to death
nothing changes in hell

it's coming from the Words of Witkacy*
the gray! the gray is coming!
issued from the tzar
Ribenttrop
Molotov

old, dating back to the tsars is our lot
— captivity and empty pot

*pen name of Stanisław Ignacy Witkiewicz [Translator's note.]

* * *

znów okupacja . . . w kraju
wszystko wokół jest
jakby nie było źrenic
jakby nie było rozumu
jakby nie było prawa i prawdy
jakby nie było wyjścia

z obłąkanego kotła obławy na naród
wydostaje się tylko wolność z Boga
wydostaje się ludzka łza
wydostaje się człowiecza dobroć
oczywista jak podany chleb
otwarcie drzwi w czasie łapanek

wszystko wokół jest tak że odpowiedzią
znów staje się człowiek
rozstrzelany

wszystko zaczyna być tak
że przez zęby
może przejechać czołg z fałszywym godłem
mogą ci w każdej sekundzie podać
gaz — socjalistyczną eucharystię
wprost do ust pełnych czerwonej krwi

*   *   *

again an occupation of a country . . . ours
everything around us is
as if there were no pupils
as if there were no reason
as if there were no law nor truth
as if there were no way out

from the insane caldron of the nation's entrapment
only God-given freedom gets out
a human tear gets out
human goodness gets out
as obvious as the offered bread
and the door opened during police roundup

everything around us is such that
a shot man becomes again
the answer

everything begins to happen in such a way
that a tank with a false emblem
may drive through your teeth
that any minute you may be served
gas — the socialist eucharist
directly into the mouth filled with red blood

Współbycie (I)

kto czeka na magiczny cud gdzie czekał do teraz
niech dożyje bolesnego jutra
                    kto przestał czekać
przed wieczorem piorąc brudną bieliznę
choremu
          zyskał wieczność jeszcze przed
grobem!
          kroplami potu
jakie czasy spoił nie obnosząc swego braterstwa
po ulicach i placach?

dla obu przed porą zachodu słońca
dany był łagodny poranek czasu ludzkiego

kolację jedli we dwóch
wierząc
że jest z nimi Trzeci!

Co-Being (I)

may he who is waiting for a magical miracle where he had
                                        waited till now
live to see the painful tomorrow
                        he who stopped waiting
and in the dusk washed some dirty laundry
for a sick man
            has gained eternal life even before
his grave!
            what times has joined with his beads of perspiration
he who didn't flaunt his brotherhood
in streets and squares?

both of them were given a gentle morning
of human time before the sunset

the two had supper together
believing
that with them is the Third!

Matkowanie

leży zjadana nowotworem
wie że nie ma ratunku
kiedy przychodzi córka
stara się żyć w słowach
odległych od jej ciała
zamartwia się o kwiaty
i książki wnuka
jakby pragnęła by tak
nie patrzyli przerażeni

córka i zięć
— mój Boże —
tacy piękni i szczęśliwi małżeństwem
wyzbyci radosnego uśmiechu
przy powitaniu

jakby się wstydziła
że umierając
odbiera im radość
młodego małżeństwa

matkuje do końca
osłaniając
przed rozpaczą

Mothering

she's in bed being devoured by cancer
she knows there is no help
when her daughter comes
she tries to live in words
distant from her body
she worries about her plants
and her grandson's books
as if she wished they wouldn't
look at her with such alarm

the daughter and the son-in-law
— my God —
so good looking and so happy in their marriage
are devoid of their joyous smile
when they greet her

she is almost ashamed
that by dying
she is taking away
the young couple's joy

she's mothering till the end
shielding
from despair

ekspert

zdobył ogromną wiedzę
zatracając sens życia

*   *   *

poza wszechobecne ograniczenia
wykracza tylko sensowne Słowo
szczepiąc w bezkresie
światłość życia

*   *   *

żywą bramą ojczyzny
są otwarte ramiona matki
jej prawem — uśmiech dziecka

*   *   *

w ogrodach gwiazd
w sadach ludzkiego czasu
rozjarza się Jego wola istnienia
uśmiechem dziecka przez sen

*   *   *

pocałunek otwiera ciała
        na wieczność
w Gwiazdozbiorze Śmierci

sztuka życia

rozjarzyć ciałem pustynność umysłu mężczyzny
potrafi tylko u d u c h o w i o n a kobieta

The Expert

He gained enormous knowledge
losing the meaning of life

*   *   *

the everpresent limitations
can only be transcended by a sensible Word
injecting into the infinitude
the brightness of life

*   *   *

the live gate of fatherland
are the open arms of a mother
its law — a child's smile

*   *   *

in the gardens of stars
in the orchards of human time
His will to exist flares up
in the smile of a sleeping child

*   *   *

a kiss opens bodies up
    to eternity
in the Galaxy of Death

The Art of Living

only a s p i r i t u a l woman can fire up with her body
the desert of a man's brain

Równowaga

czas przed zachodem słońca
jest duchem równowagi
jakby coś zamierało
i drżało rytmem
rozkoszy
jakby lew kładł się obok jagnięcia
w dobrej ciemności
w jasny sen
jakby to była pora
odczuwania
zagubionego w nas snu
z Edenu

Equilibrium

the time before sunset
is the spirit of equilibrium
as if something were dying
and trembling with the rhythm
of delight
as if the lion were lying with the lamb
in the kind darkness
in a bright sleep
as if it were the season
of sensing
the dream of Eden
lost in us

Barbara Brandys

* * *

Wolność
to dom zaciszny
gdzie rosną myśli i słowa
poskładane
w szuflady — bez zamków

Skromna wyniosłość

słowik
śpiewa
w ukryciu

* * *

źdźbła traw
na rozkaz ziemi
strzelają do słońca

O świcie

w trawie
zanurzyłam stopy

rosa pije mój niepokój

Barbara Brandys

*   *   *

Freedom
is a quiet home
where thoughts and words grow
arranged
in drawers — without locks

Modest Eminence

The nightingale
sings in hiding

*   *   *

blades of grass
on earth's order
shoot at the sun

At Dawn

I've dipped my feet
in the grass

the dew is drinking my anxiety

* * *

z nieba
wyrosły
długie źdźbła deszczu

Susza

już nawet niebo
nie potrafi płakać

* * *

wiatr — w lustrze wody
uczesał wikliny

z nurtem odpłynęły zielone łzy

* * *

falują zboża
obciążone przeczuciem
dostatku

* * *

zmierzch
tuli drzewa
zmęczone upalnym dniem

Przy ognisku

dym
niesie moją tęsknotę

— do Nieba

*   *   *

long blades of rain
grew
from the sky

Drought

Even the sky
can't cry anymore

*   *   *

the wind combed the rushes
in the mirror of water

green tears swam away with the current

*   *   *

the grains undulate
burdened with the premonition
of abundance

*   *   *

the dusk
embraces the trees
exhausted by the hot day

By the Fire

the smoke
carries my longing

— to Heaven

Listopad

ktoś
pozgarniał liście
w zbiorowe mogiły

*   *   *

wścibski deszcz
podziurawił dach

*   *   *

mieczem
przecięte powietrze
— długo się zrasta

*   *   *

z drzewa spadł liść

ostatni świadek
letniej przygody

*   *   *

wiatr
zamiata letnie grzechy

skazuje drzewa na pokutę — do wiosny

November

somebody
raked the leaves
into mass graves

* * *

the nosy rain
riddled the roof with holes

* * *

the air
cut with a sword
— heals a long time

* * *

a leaf fell from the tree

the last witness of
a summer affair

* * *

the wind
sweeps summer sins

sentences the trees to penance — till Spring

W Katyńskim lesie
Stryjowi Zygmuntowi Frydze
ofiarze Katynia

od tamtych dni
obłoki zbryzgane polską krwią
przemieniają deszcze
w niekończące się łzy
nie ucichły jeszcze
rozwiewane wiatrem jęki
splamione ręce automatów
nadal straszą

lato 1989

In the Katyn Forest

For uncle Zygmunt Fryga
victim of Katyn

since those days
clouds splashed with Polish blood
have been transforming rain
into never ending tears
moans dispersed by the winds
still haven't abated
the stained hands of automatic firearms
continue to frighten

Summer of 1989

Erotyk

gdy wchłonęłam błękit
twych oczu
cisza zawładnęła
moim światem

i powstał
nowy kształt niebios

jesień 1990

An Erotic Poem

When I inhaled the blue
of your eyes
silence seized
my world

and a new shape of heaven
emerged

Fall 1990

Zapragnęłam pozostać

posiałeś mnie Panie
pośród roślin

uczyłam się od Ciebie
pokory

zgarniałam obłoki
gdy malowałeś moje oczy
błękitem

dawałeś mi wiele
brałam więcej
już niedługo odejdę
i co po mnie?

wiosną zakwitły jabłonie
i zapragnęłam pozostać
w słowie własnego wiersza

22 10 91

I Wished to Remain

You have sown me Lord
among plants

I learned from You
humility

I gathered clouds
when you painted my eyes
blue

You gave me much
I took more
soon I'll be gone
and what will I leave behind?

in the Spring apple trees bloomed
and I wished to remain
in the word of my own poem

October 22, 1991

Marzena Broda

Dom z czerwonej cegły

Były w domu rzeczy święte: fotografia przecięta
czarną wstęgą żalu, nadtopiona świeca w lichtarzu
z pożegnalnego wieczoru, telefon zawieszony na ścianie
wpół słowa. Nic więcej, może tylko samotność,
której schronienie jest przekleństwem.
Dokądkolwiek pójdziemy, ona pójdzie z nami
wskazując wyjście z niewoli: przepaść dla wszystkich
tę samą. Dom równie śmiertelny jak my. Dzikie zwierzęta
bez gniewu rzucające się na swoje ofiary.

Marzena Broda

A Red Brick House

There were sacred things in the house: a photograph cut across
with a black ribbon of sorrow, a slightly melted
    candle in the candlestick
left over from the farewell party, a telephone hung on the wall
mid word. Nothing more, perhaps only loneliness
whose refuge is a curse.
Wherever we go, it will go with us
pointing to the escape from slavery: an abyss the same
for everyone. The house is as mortal as we are. Wild beasts
pouncing upon their victims without anger.

[A jednak ci, którzy wierzyli . . .]

A jednak ci, którzy wierzyli
w miejsce odległe, wielką tajemnicę,
spotkali uczucie, które ożywia,
unosi wszystkie myśli ku niebu.
Kim są ci szczęśliwcy
z niezliczonych obrazów dymu i ognia?
Czy już są spleceni z korzeniami Słowa
rosnącego w głąb ojczyzny,
której my widzimy ledwie kontur?
Czyżby nie chcieli dać nam znaku
w pustce dzielącej Niebo od Ziemi,
w miejscu gdzie życie,
zaczyna mieć kształt kolisty?

[And yet, those who believed . . .]

And yet, those who believed
in a distant place, a great mystery,
found a feeling that restores,
raises all thoughts toward the sky.
Who are those lucky ones
from countless pictures of smoke and fire?
Are they entwined yet with the roots of the Word
growing into the core of fatherland,
of which we see the mere outline?
Are they reluctant to give us a sign
in the void separating Heaven from Earth,
in the place where life
starts assuming its circular shape?

[Bardziej od świata . . .]

Bardziej od świata — chcę wszechświata,
tu miejsca nie ma, szarpią mnie słowa,
a tam spokój i odległości ogromne,
któż się będzie w podróże wybierał.

Jestem w tym dobra, już po raz któryś
wracam do domu i nie mogę dojechać,
a to nie ma pociągu, a to ocean wzburzony
i niebo też jak książka zamknięte.

Zresztą czy ktoś czeka — chyba tylko
ciosem ciszy ogłuszona przeszłość,
więc zasnęła i nic nie czuje, a mnie myśleć
o niej to jakby nóż w drzewo wbijać!

Powietrze tutaj błękitniejsze i polem
ognia dla słońca się staje, nazwać to lato
swoim — nie mogę, nazwać to życie własnym
—nie mogę, nie znajduję dla ręki poręczy.

I oddech nabieram jakoś leniwie, a kiedy
się zmęczę już noc dawno była, w kalendarzu
stulecie dopływa do brzegu i jedynie — ja
nie we właściwym czasie i w niedobrym miejscu.

13 marca '93

[More Than the Earth . . .]

More than the earth — I want the universe;
here there's no room, I am tugged by words;
while there it's peaceful and the distances are great;
why would one choose to travel.

I am good at it, several times now
I've been going home and couldn't make it;
either there was no train, or the ocean was stormy
and the sky, too, closed like a book.

Well, is anybody waiting — probably only
the past deafened by the blow of silence;
so it fell aleep and doesn't feel a thing; and for me to think
about it is like thrusting a knife into a tree!

Here the air is bluer and becomes a field
of fire for the sun; to call this summer
mine — I can't; to call this life mine —
I can't, I don't find a handrail for my hand.

And I inhale somehow lazily, and when
I grow tired the night has long passed; in the calendar
the century is swimming to its shore and — only I am
in the improper time and in the inappropriate place.

March 13, 1993

**Z cyklu
"Wiersze dla Rosarii"**

[Wróć do mnie . . .]

Wróć do mnie, a zespawamy krawędzie
naszych ciał, jeżeli istnieje sen,
to musi być coś, o czym mogłabym śnić:
twoje wilgotne palce wokół moich słów.

Nie boję się, boję się tylko nagłego
rozłączenia, cisza jest dobra i czuła,
lecz ja wołam o ciebie, jest taka noc
teraz mokra i pomięta jak chustka w kieszeni.

Czy ją też zapomniałaś zabrać? I jest też
wyczekiwanie takie, które przetrwało
setki przypływów i odpływów godzin,
. . .zabierz je z moim ciałem.

16.04.1993   N.J.

**from the cycle
"Poems for Rosaria"**

[Come back to me . . .]

Come back to me and we'll weld our bodies'
edges; if dream exists,
there must be something I can dream about:
your moist fingers around my words.

I'm not afraid of that; I only fear a sudden
separation; silence is kind and tender,
but I cry for you ... The night is so
wet now and crumpled like a handkerchief

in a pocket you too have forgotten
and there is also the waiting, the kind which
has survived hundreds of tides and ebbs
of hours . . . Take them along with my body.

New Jersey, April 16, 1993

Słowa

Zbliżam do skały dłonie i sprzymierzona z nieznanym,
poznaję cierpienie w języku ognia i morza.
Deszcz pali moją twarz, idę w dół rzeki smakować
późne popołudnie. Spieszę się, bo już nadciągają szlakami
goryczy lata, widzę chmury pęknięte jak ziarna,
z których wypłynęło światło i czuję całym ciałem ciężar
świata i pragnę, by ocalały po mnie tylko słowa.
Dotykam je językiem i już wiem - nigdy się nie skończą.

Words

I'm bringing my palms to the rock and allied with the unknown
come to know suffering in the language of fire and the sea.
The rain is burning my face, I'm going down the river to taste
late afternoon. I hurry because I see the years drawing near
along the paths of bitterness; I see clouds cracked like grains,
from which light has leaked out and with my whole
          body I feel the world's
weight and I wish that only my words would remain
          when I am gone.
I touch them with my tongue and already know —
          they'll never end.

Dorota Chróścielewska

* * *

Jakich halucygenów trzeba na to Jakich
ażeby poczuć Boga Albo Jego Brak
Wiary wysokiej jak kościół
wśród głuchej śnieżystej nocy
I jakiej samotności
żeby powiedzieć: Nie ma
Jakiej ufności trzeba
by krzyknąć: Jednak się kręci
kiedy się nie wie na pewno
Kiedy się nic już nie wie
Jakiego szczęścia trzeba
aby budować na nowo
ze słów świszczących i chromych
świat godny i spokojny

Jakiej to moralności potrzeba generałom
genialnym generałom
w czasach bez wielkiej wojny

Dorota Chróścielewska

*   *   *

What hallucinogens does one need Which ones
to feel God Or his Absence
Faith tall as a church
amidst a deaf snowy night
And what loneliness
to say: There isn't
What trust does one need
to yell: And yet it revolves
when one doesn't know for sure
When one doesn't know anything anymore
What happiness does one need
to build anew
out of whizzing and lame words
a world of dignity and calm

What kind of morality do generals need
military geniuses
in times of no great war

*   *   *

Stara gwardia umiera bo się nie poddała
w bamboszach
wśród okruchów bułki i tytoniu
Na zapotniałym oknie krwawi pelargonia
i chroboczą medale w pudle po sucharach

W starych listach wyraźne są dla kogoś znaki
W starych książkach znaczone są dla kogoś strony
W pudełkach są medale
W szklance jest herbata
Przez zapotniałe okno
patrzy świat zdziwiony
jakby nie wiedział że tu
już po końcu świata

I jeszcze alegoria Nocy śni się sen
Udręczona Ojczyzna zasiada na tronie
Ogłuszona wrzaskami odurzona krwią
orzeka Niepokornych zamknąć w Panteonie

Ciężkie prawo lecz prawo

* * *

The old guard is dying for it didn't surrender
in slippers
among crumbs of tobacco and rolls
A geranium is bleeding on a sweaty window
and the medals rattle in an old cookie can

In the old letters there are clear clues for someone
In the old books pages for someone are marked
In the cans there are medals
In the cup there's some tea
The amazed world
looks through the sweaty window
as if it didn't know that here
the end of the world has already occurred

And still an allegory the Night is dreaming a dream
The tormented Motherland seats itself on a throne
Deafened by screams stunned by blood
it bids to lock up the Unsubmissive in the Pantheon

The law is harsh but it's the law

*   *   *

Wielkie halo Jakieś sosny piach
I pagórki garbate i obłe
Nieboskłonu spękany dach
co wciąż żywym razi nas ogniem

Wielkie halo Ugór bez sensu
Ta pustynia jałowa i groźna
Już doprawdy nie można w niej żyć
I doprawdy żyć bez niej nie można

Wielkie halo I gardła ucisk
Do księżyca poetów psi skowyt
Gdzie ostatnia świeci szubienica
długie nocne rodaków rozmowy

Ciemno pusto Sosny i piach
Jakieś niebo żagwi się wzwyż
Czy przez całe wieki ma trwać
jej misterium Ciernie i krzyż

Lecz to ona nas właśnie wchłonie
I niech w soki przetrawi żyzne
Wtedy ciało stanie się słowem
Przemienimy się niegodni w Ojczyznę

*   *   *

A great halo Some pine trees sand
And hunchbacked hills shaped like pyre
The firmament's cracked dome
which keeps striking us with live fire

A great halo senseless Wasteland laid fallow
This desert barren and dire
Truly one can live in it no longer
Nor can one live without it either

A great halo And a tightening in the throat
the poets' canine yelp to the moon
and the compatriots' nightlong talks
Where the lights of last gallows swoon

It's dark it's desolate Pines and sand
A sky blazes up in a toss
Do for ages and ages have to linger
its mystery Thorns and the cross

But it's she who will surely absorb us
and may she macerate us into sustaining sap
Then the body will become a word
And unworthy we'll transmute into Motherland

*   *   *

Kobieta trwa u lustra i szczotkuje włosy
W kobiecie płynie cicha spokojna rzeka krwi
I nagle coś Doprawdy nie wiadomo co
Jakiś zapach przeczuty tylko Jakaś ciemność
możliwe że podobna Wstążka mgły u lustra
Rzeka powstaje z brzegów Oszalała wali
w zastawy serca Niagara Niagara
I to tylko dlatego że gdzieś
w jakimś krajobrazie słonecznym mężczyzna
Kobieta liczy kariera zawodowa dziecko dom pieniądze
Więc dziecko dom pieniądze I mój Boże łyka
Łyka tabletkę przeciwko nieszczęściu
Rzeka jest znów leniwa powolna i cicha
Spokojnie płynie pod łagodną skórą
Potem odgrodziwszy się od ciemności
poduchą i kołdrą
kobieta myśli co z sobą
przyniesie
świetlane jutro

I albo śpiewają w niej chóry anielskie
albo to tylko radio od sąsiada

*   *   *

A woman lingers by the mirror and brushes her hair
In the woman flows a calm quiet river of blood
And suddenly something happens something Truly obscure
Some scent merely apprehended Some darkness
perhaps a similar Ribbon of fog by the mirror
The River rises from its banks Delirious it pounds
upon the heart valves Niagara Niagara
All this just because somewhere
in some sunny landscape there's a man
The Woman counts career child home money
So child home money And oh God she swallows
Swallows a pill for unhappiness
The River is lazy slow and calm again
Calmly it flows under the soft skin
Later having separated herself from darkness
with a pillow and a blanket
the woman wonders what the bright tomorrow
will bring

And either angelic choirs sing in her
or it's only the neighbor's radio

* * *

Takie czasy Fortuna wciąż toczy
swoje koło Lecz losu nie zmienia
Dobre wróżki zsyłały ongiś
ślicznym dzieciom ziarenko cierpienia

Takie czasy Dziś gdy się dławimy
z lęku Kiedy płaczemy w ciemności
Dobra Wróżko ześlij mojej córce
choć najmniejsze ziarenko radości

*   *   *

Such times Fortune keeps turning
its wheel Yet our fate stays the same
Good fairies used to send
pretty children a whit of pain

Such times Today when we're gagged
by fear When we cry in the dark
Good Fairy send my daughter
at least the tiniest whit of delight

*   *   *

Historio matko nasza
naucz czegoś wreszcie
Nadziejo matko nasza
bądźże litościwa
Swoim najlepszym dzieciom
skrzydła poprzyszywaj
albo odpruj niegodnym

Tylko czas nas pojedna
Wieczna noc lub światłość
I utuli najczulsza bo rodzinna ziemia
Zaś późnym wnukom jeden akapit wystarczy
by oddać nasze klęski
rojenia
zwątpienia

*   *   *

History our mother
teach us finally something
Hope our mother
be merciful
Sew wings onto
your best children
and tear them off the unworthy

Only time will unite us
Eternal night or light
And native thus most tender soil will embrace us
But one paragraph will suffice for our future grandchildren
to render our defeats
illusions
doubts

Anna Czekanowicz

*   *   *

nie wolna jestem od mego narodu
i poetów którzy prześladują mnie nocami
nie wolna jestem od głodu i pragnienia
i od nałogu małych potknięć
nie wolna jestem od słów
i od rąk które cierpliwie wciskają je na powrót
nie wolna jestem od strachu
i kłamstwa schowanego za oczami
nie wolna jeszcze jestem
ale to nie znaczy
że jestem zniewolona

Anna Czekanowicz

*   *   *

I am not free from my nation
and the poets who plague me at night
I am not free from hunger and thirst
and addiction to little lapses
I am not free from words
and from hands which patiently squeeze them back in
I am not free from fear
and deception hidden behind the eyes
no I am not yet free
but that doesn't mean
I'm in bondage

Cóż może kat wiedzieć o wolności. . .

Nie zna całej prawdy o człowieku
zna swoją prawdę
kunsztownych lub spartaczonych śmierci
zdrowych śmierci
chłopców którzy oddawali mu się w ramiona
dla jednej czerwonej kiecki
imponujących śmierci
tych którzy krzyczeli coś o idei
w gębę pierwszego tramwaju
samotnych śmierci
tych którzy nie mogli krzyczeć z pogardy
kiedy pluli mu w twarz wódką
pokornych śmierci
tych którzy umierali o świcie
nie mając już żadnego papierosa
Nie rozumie
co dzieje się ze światem
Jego strach jest zbyt wielki
Strach który prowadzi jego ręce
przyzwyczaił go nawet do rzeczy godnych pogardy
Czas już najwyższy umrzeć
To jedyna sztuka
której dziś poniekąd
musimy się uczyć

What Can a Hangman Know About Freedom

He doesn't know the whole truth about man
he knows his truth
of masterful or botched deaths
healthy deaths
of boys who went into his arms
for one red frock
impressive deaths
of those who yelled something about an idea
into the first tramway's mug
lonely deaths
of those who couldn't yell out of contempt
when they were spitting vodka into his face
humble deaths
of those who were dying at dawn
and ran out of cigarettes
He doesn't understand
what's going on with the world
His fear is too great
The fear which guides his hands
got him used even to things worthy of contempt
It's high time to die
That's the only art
which it appears
we need to learn today

* * *

to tylko potęguje mój ból
nie każ mi marzyć panie
to tylko stokroć mnie rani
uwolnij mnie od pragnienia
patrz jakie to dziwne
wstać wreszcie w środku dnia
z oczami czerwonymi obolałymi
od wpatrywania się w noc
pod drzwi wsuniętych kilka kartek
drzewa szumią za oknem
i wiatr wprawia szyby w drżenie
panie uwolnij mnie od rozpaczy
całą wieczność muszę śpiewać bez skutku
i już nie starcza mi sił
i boję się następnej nocy
zaczajonej pod drzwiami
czy doczekam jej bolesnego dotknięcia
czy nie potknę się na kamieniu zmierzchu
nim zamienisz mnie w popiół
czy dosięgnę

*   *   *

don't make me dream Lord
it only increases my pain
it only wounds me a hundredfold
free me from my longing
look how strange it is
to finally get up in the middle of the day
with eyes painful and red
from looking into the night
under the door a few slipped-in notes
the trees sough outdoors
and the wind makes the panes tremble
Lord free me from despair
I have had to sing in vain for all eternity
and I am running out of strength
and I am scared of the next night
lurking under the door
will I last to feel its painful touch
won't I stumble on the stone of dawn
before you turn me into ashes
will I attain

matka polka

elżbietom z chicago i lakefield

skoro nie chciałaś
być żoną
do której zawsze się wraca
naucz się teraz
być kobietą
którą się opuszcza
skoro nie umiałaś
wziąć wszystkiego złego
które ci dawano
naucz się teraz
pazurami walczyć
o każdą piędź ziemi pod stopą
skoro nie pragnęłaś
ciepłego miejsca
wtulonego w łuk ramienia
naucz się teraz
uspokajania
kołysaniem na krześle
naucz się
że te dzwony
które huczą w twojej głowie
te które rozsadzają ci czaszkę
i gruchocą mózg
sama wymyśliłaś
jak sen
jak noc
jak tych kilka
dziwnych niepotrzebnych słów
zbyt spiesznie powiedzianych
a potem nieopatrznie
nieodwołalnie nie cofniętych
jak swą strapioną
wykrzywioną lustrem twarz

A Polish Mother
for elizabeths from chicago
and lakefield

since you didn't want
to be a wife
to whom one always returns
learn now
to be a woman
whom one leaves
since you were unable
to take all the bad
you were given
learn now
to fight with your nails
for every inch of ground under your foot
since you didn't wish for
a warm place
tucked in the arch of the arm
learn now
to calm down
by rocking in a chair.
Learn that
the bells
which peal in your head
the ones which split your skull
and crush your brains
were invented by you yourself
like a dream
like the night
like the few
strange unnecessary words
spoken too hastily
and then inadvertently
irrevocably not taken back
like your worried face
distorted by the mirror

Kochana starsza pani . . .

Wyobrażam ją sobie w staroświeckich fioletach
pełną wiary w chrześcijańskie powołanie kobiety
którą uciążliwy los skazał na znoszenie obcego ciała
tego bydlaka mężczyzny
(z jak cudownym wstrętem wypowiada to słowo)

Wyobrażam ją sobie zawsze starannie upudrowaną
bardzo uczuciową niewykształconą trochę śmieszną
melancholijnie głaszczącą linię swego brzucha
który wydał wspaniałych czterech synów
(to tylko przypadek że ten bydlak maczał w tym palce)

Wyobrażam ją sobie z godnością wyprostowaną
dziewiczą damę jaką może być tylko ona sama
pełną przekonania że kazanie jest najlepszą metodą
                                             porozumienia
głęboko przywiązaną do myśli o pięknie starzenia się
(chociażby dlatego że temu bydlakowi Bóg poskąpił tej łaski)

Dear Old Lady . . .

I imagine her in old-fashioned purples
full of faith in the Christian calling of a woman
condemned by cruel fate to bear the foreign body
of that beast of a man
(with what marvelous disgust she utters the words)

I imagine her always carefully powdered
very sentimental uneducated a bit ludicrous
stroking with melancholy the curves of her belly
which gave forth four wonderful sons
(it's merely incidental that the beast had something to do with it)

I imagine her erect in a dignified way
a virginal lady as only she herself can be
full of conviction that a sermon is the best method
           of communication
deeply attached to the idea of the beauty of aging
(at least because God didn't grant the beast that grace)

koniec historii

clarkowi blaise

coraz trudniej
o kwiatach i ptaszkach
coraz bardziej chropawo
pokracznie

coraz mniej
radości z miłości
coraz więcej wolności
i niewoli

więcej czasu
dla kolejnego proroka
który będzie się przechadzał
po szklistej chłodu tafli
wśród cieni oliwnego ogrodu

francis fukuyama
podzielił świat
na pierwszy i trzeci

idei nie próbuj uwodzić
jak kobiety
nawet w departamencie stanu
nawet w waszyngtonie
nawet w ameryce

the end of history

to clark blaise

it's harder and harder
to write about flowers and birds
more and more coarse
awkward

there's less and less
joy in love
more and more freedom
and slavery

more time
for yet another prophet
who will walk
upon the glassy sheet of chill
among the shadows of the olive garden

francis fukuyama
divided the world
into first and third

don't try to seduce ideas
like women
even in the department of state
even in washington
even in america

Anna Frajlich

Czytając Gibbona

Upadał Rzym
— jakże wspaniały —
drogami wojska jeszcze szły
słońcem winnice ociekały
i kolumnowy marmur biały
porastał pył

upadał Rzym
co trwał przez wieki
żeby upadłszy wieki trwać

i nawet dziś nikt nie wie
czemu
jeszcze cezara syn i brat
zabijał by dosięgnąć tronu
jeszcze gladiator mierzył w lwa
w mowach wytrawnych oratorów
subtelnie grecki dzwonił styl
i tłum — jak zwykle — był na Forum
nikt nie przeczuwał

że we mgle
w porannej mgle nadreńskich borów
u p a d a R z y m.

Anna Frajlich

Reading Gibbon

Rome was falling
— in all its glory —
armies kept marching on the roads
vineyards oozed sunshine
and dust kept growing
on the white marble of colonnades

Rome was falling
which had lasted for ages
so having fallen it would for ages last

and no one knows even today
why
Caesar's son and brother still
killed to usurp the throne
the gladiator still aimed at the lion
in the speeches of seasoned orators
the Greek style resounded subtly
and the mob — as usual — was at the Forum
and no one had a hunch

that in the fog
the morning fog of Rhineland forests
R o m e   w a s   f a l l i n g.

Sala dziecięca w muzeum męczeństwa Yad Vashem w Jerozolimie

To tak wygląda grób moich kuzynów
to tu w tej ziemi której nie widzieli
spoczywa po nich bezimienna pamięć
tu grób znaleźli
gdziekolwiek zginęli
we Lwowie w Krakowie
gdzie się rodzili ich ojców
ojcowie
gdzie ich zdumienie
w dym się rozpłynęło
wsączyło w ziemię
gdzie ich ślad chłopięcy
jak deszcz rozmyły strugi niepamięci
tu powrócili
swoich imion echem.

czerwiec 1991.

**The Children's Room in the Yad Vashem Holocaust Museum
in Jerusalem**

That's what my cousins' grave looks like
it's here in the soil they never saw
that their nameless memory found rest
here they found their grave
wherever they perished
whether in Lvov or Cracow
where their fathers' fathers
had been born
where their bewilderment
diffused itself in smoke
permeated the soil
where streaks of oblivion — like rain — washed away
their boyish trace
here they returned
as their names' echo.

June 1991

Większością głosów

Głosują
żeby zabić
zabić Sokratesa
z demokracji najwyższy
zrobili użytek
jeszcze tylko na statek z Delos zaczekają
i pijani tanim winem
już się zataczają
gdy on ostatnią kroplę
przełyka cykuty.

31 maja 1992

Majority of Votes

They are taking a vote
whether to kill
to kill Socrates
having made the most
of democracy
now they'll just wait for the ship from Delos
and drunk on cheap wine
already they are staggering
while he is swallowing
the last drop of hemlock

May 31, 1992

Tu jestem

Tu jestem
zamieszkuję własne życie
jak ślimak swoją przestrzeń
każda moja sekunda
przylega do mnie jak skóra
komuś innemu tu ciasno
coś w żebro się wciska
uwiera
a ja w labiryntach bez kłębka
i bez okienka na strychu
trochę mnie w dymie z komina
i w solach wody gruntowej.
Czy wybór to czy nie-wybór?
I gdy mnie wrzucą do ziemi
to tak jak orzech
w łupinie przylegającej
zamknięty.

3 lipca 1992 r.

Here I Am

Here I am
I inhabit my own life
like a snail its own space
each of my seconds
clings to me like skin
someone else feels cramped here
something pokes the ribs
chafes
and I'm in labyrinths without a thread
and in a windowless attic
some of me is in the smoke rising from the chimney
and some in the groundwater salts.
Is it a choice or a non-choice?
And when they lower me in the ground
it will be like a nut
shut in a tightly fitting
shell.

July 3, 1992

Czas nie leczy

Z każdym dniem coraz bardziej nie ma
pustka szczelniej wypełnia przestrzeń
zamiast twarzy głosu imienia
w słup ognisty rośnie
n i e o b e c n o ś ć .

Time Doesn't Heal

Every day there is less and less
Emptiness more tightly fills the space
Instead of a face, a voice, a name
into a pillar of fire
grows   a b s e n c e .

Różnica

Przechylona nad krawędzią świtu
słucham własnego oddechu
— jest —
jedyna różnica
między mną
a tymi co odeszli.

The Difference

Bent over the edge of dawn
I listen to my own breath
— it's there —
the only difference
between me
and those who are gone.

Julia Hartwig

Mówiąc nie tylko do siebie

Zrób sobie trochę więcej miejsca, ludzkie zwierzę.
Nawet pies rozpycha się na kolanach pana, żeby poprawić
sobie legowisko, a kiedy trzeba mu przestrzeni, biegnie naprzód
nie zwracając uwagi na przywoływania.
Jeśli nie udało ci się otrzymać wolności w podarunku, żądaj jej
tak samo odważnie jak mięsa i chleba.
Zrób sobie trochę więcej miejsca, dumo i godności człowiecza.
Pisarz czeski Hrabal powiedzial: tyle mam wolności, ile jej
sobie wezmę.

Julia Hartwig

Talking Not Just to Myself

Make some more room for yourself, human animal.
Even a dog spreads on the master's lap to make itself
comfortable, and when it needs space, runs ahead, paying
        no attention to any summons.
If you have failed to receive freedom as a gift, demand
        it as courageously as you'd demand meat and bread.
Make some more room for yourself, human pride and dignity.
The Czech writer Hrabal said: I'll have as much freedom as I take.

Na Wyżynach

Powiedział kiedyś ktoś czytając moje wiersze:
Ach, jak bardzo zazdroszczę pani przebywania w takim świecie!

Więc nad ogonkami po mięso i nad kurczęciem bladym
polatam, ach, polatam.

Nad szpitalem i dziennikiem telewizyjnym
polatam, ach, polatam.

Nad zwyrodnialstwem i gruboskórnością
polatam, ach, polatam.

Nad przyjaciółmi w więzieniu i nad głodówką w kościele
polatam, ach, polatam.

Nad kłamstwem zadawanym prosto w oczy
polatam, ach, polatam.

Nad własnym swoim życiem na kulawym skrzydle
polatam, ach, polatam.

1984.

•

On the Heights

Someone told me once reading my poems:
Oh, how I envy you being in the higher world!

So above lines for meat and above pale raw chicken
I soar, oh, I soar.

Above a hospital and TV news
I soar, oh, I soar.

Above degeneration and callousness
I soar, oh, I soar.

Above friends in prison and hunger strikes in churches
I soar, oh, I soar.

Above lies told straight in my face
I soar, oh, I soar.

Above my own life on a crippled wing
I soar, oh, I soar.

1984

.

Skruszona

Powierzyłam cię gosposiom sprzątaczkom pannom
noszą cię na rękach jak cenny pierścionek z ametystem
moja garsteczko śmiechu córeczko
Twoje słowa jak okruchy słodkie
wymiatają za drzwi bez pardonu
Żarciki twoje słomki kruche
unosi kuchenny przeciąg
Mamo mamo rozpaczasz we śnie
O radosne dzieciństwo za którym pory roku
ustawione milczącym szeregiem
tuż przy drzwiach dziecinnego pokoju
ja tylko widzę z sercem ściśniętym jak bandaż
I zamiast warować przy tobie jak stara wierna suka
biegam na polowania na żebry
znoszę wieczorem z włóczęgi kości i ochłapy smutków

The Penitent

I've entrusted you to maids cleaning-ladies nannies
they carry you like a precious amethyst ring
my tiny fistful of laughter my daughter
Your words like sweet crumbs
they sweep out the door unceremoniously
Your jokes brittle straws
the kitchen draft picks up
Mummy mummy you moan in your sleep
Oh joyous childhood behind which the seasons
are lined up in a silent row
right next to the door of a child's bedroom
I only see with a heart compressed like a bandage
And instead of watching over you like an old loyal bitch
I dash off to hunt and beg
and from my forays I bring at night bones and scraps of sorrow

Jest i tym

Sztuka jest zaklinaniem istnienia
żeby przetrwało
ale jej przestrzeń rozciąga się na niewidzialne
I jest inteligencją która żywioły skłócone
zjednuje podobieństwem
Jest rzeczą dzielną
bo szuka nieśmiertelności
będąc — jak wszystko — śmiertelną

It's That Too

Art is an imploration of existence
to survive
but its expanse spreads over the invisible
And is the intelligence which unites
warring elements by similarity
It's a brave thing
for it searches immortality
being — like everything else — mortal

Po Prostu

Na wszystko przyjdzie pora
Ale nie przyjdzie czas wskrzeszenia pierwszych nadziei
   i pierwszych miłości
ani utrwalenia w słowach tego co przebiega ci przez głowę jak
   wiatr
i bywa przeczuciem jakiejś ważkiej prawdy
lecz umyka tak szybko jakby swawoliło
Przychodzi jednak nieodwołalnie pora
kiedy po kolei tracić zaczynasz wszystko co kochałeś
i wszystkich którzy odchodzą stąd
nie wyjawiając ci czy odchodzą zawiedzeni
Przychodzi ten czas
a ty przyjmujesz go bez wstydu i pokory
ot tak po prostu

Simply

For everything there will come a time
But the time for resurrection of first hopes and first loves
    will not come
nor of arresting in words of that which runs through your head like
    a wind
and might be a premonition of some weighty truth
but escapes as quickly as if it frolicked
Inevitably the time comes however
when one by one you begin to lose all the things you've loved
and all those who depart from here
without revealing to you if they depart disappointed
That time does come
and you accept it without shame or humility
just like that simply

Rady dla tej którą nazwano kobietą

Skoro taką sobie ciebie postanowił
skoro tak postanowili o tobie wszyscy
bądź na podobieństwo ich oczekiwań
ucz się kaprysić i bądź zalotna
nade wszystko zaś nie próbuj posługiwać się logiką i umysłem
i tak nie dorównasz jego wielowiekowej wprawie
a gdyby ci się to nawet udawało
i tak nikt nie będzie cię słuchał
bo słucha się zawsze mówiącego mężczyzny a pomija mówiącą
kobietę
tak są od wieków rozłożone racje
ludzie puszczają mimo uszu co mówi staruszka
starca podziwiają i śmieją się z jego historyjek

Więc pokąd jesteś młoda sprawuj rządy
wygrywaj wszystko co możesz wygrać póki czas
dręcz go i bądź nielojalna
każ sobie płacić za względy
nie daj mu jednej chwili spokoju ni zastanowienia
nie pozwalaj mu na jedną chwilę skupienia i samotności
szermuj pojęciem zdrady i posądzaj go o wszelkie bezeceństwa
niech w twoich złorzeczeniach nie będzie ładu ni składu
niech w twoich wyrzutach nie będzie cienia prawdy
przed takim postępowaniem wierzaj mi nie ma obrony

Nie zapominaj też upokarzać go bezustannie
inaczej gotów poczuć się panem świata
lub dokonać czegoś co napełniłoby go dumą lub pychą
oddalając od ciebie
Trzymaj go w przeciętności ona zdała najlepiej egzamin wieków
niechaj zbytnio się nie naraża ani zbytnio wystawia na publiczny
sąd
dlaczego miałabyś zostać żoną skazańca albo wdową
co jest najmarniejszym losem kobiety

Advice for Her Who Was Named a Woman

Since that's how he has stipulated you
since that's how all have stipulated you
live up to their expectations
learn to be whimsical and flirtatious
but above all don't attempt to rely on logic and your brains
you won't match his centuries of experience anyway
and even if you were to succeed
no one will listen to you anyway
for they always listen when a man speaks but ignore a speaking

woman
that's how it's been for centuries
people let the words of an old woman pass by their ears
but admire an old man and laugh at his stories

So rule the roost while you're still young
win anything you can while there's still time
tease him and be unfaithful
make him pay for your favors
don't give him a moment of peace nor of contemplation
don't allow him a moment of concentration or of privacy
bandy the concept of betrayal and accuse him of infamies
    of all sorts
may there be pell-mell in your imprecations
may there be no shred of truth in your accusations
believe me there's no defense against such behavior

Also don't forget to humiliate him endlessly
otherwise he may feel he's the master of the world
or accomplish something which would fill him with pride or vanity
distancing him from you
Keep him in mediocrity it passed the test of ages with flying colors
may he not risk too much nor expose himself to public

judgement
why should you become the wife of a condemned man or a widow
which is the worst fate for a woman

A kiedy wiek zmieni twoje rysy i twoją postać
stań się zrzędna drobiazgowa i podstępna
Nie dopuszczaj też by zagłębiał się w sprawy odbiegające od
codziennego bytowania
to byłaby twoja zguba
niech religijność jego nie sięga poza formuły
i umysł jego nie wdaje się w wyższe spekulacje

Kobieto mówię ci bądź sobą
Te które stały się rozumne i ustępliwe
zapłaciły za to zbyt wysoką cenę i ofiary ich poszły na marne
Radzę ci więc puść wodze instynktowi bezmyślnej samowoli
i lenistwu
bądź samolubna i rozpustna a spełnią się oczekiwania mędrców
potwierdzisz ludowe porzekadła i skryte obawy twojego kochanka
czy męża
któremu chwilowy szał odebrał rozum i zdolność widzenia
zaś zgoda z powszechnym obyczajem uświęciła zrękowiny
z diabłem
w kobiecej spódnicy

And when age will change your features and your figure
nag and be petty and cunning
Don't ever allow him to delve into matters removed from
                                                daily life
that would be your undoing
his religiosity should not go beyond formulas
and his mind should not engage in higher speculations

Woman I tell you be yourself
Females who became reasonable and yielding
paid too high a price for it and their sacrifices were in vain
I advise you then give in to your instincts of
        thoughtless willfulness
                                            and sloth
be selfish and dissolute and the sages' expectations will be fulfilled
you'll confirm folk sayings and the hidden fears of your lover
                                            or husband
whose mind and ability to see were taken away by
        momentary madness
but conformity with an accepted custom sanctified the betrothal
                                            to a devil
in a woman's skirt

Małgorzata Hillar

Wieża cierpliwości

Przeobrażała się
w wieżę cierpliwości
w jej cieniu
odpoczywał
w bramę mądrości
przez nią wchodził
do ogrodu światła

Zamieniała się
w miękką owcę
dla jego rąk
w świerszcza
grającego na rzęsach
w jabłko
dla jego warg

Była
upalnym wiatrem
rozdmuchującym płomień
gorącą trawą
w której się zanurzał
gwałtowną rzeką
pokrywającą niebo i ziemię

Przekształcała się
w drzewo ciszy
rodzące sen
w georginię
rozjaśniającą ciemności
w ptaka
przynoszącego dzień

Małgorzata Hillar

A Tower of Patience

She would change
into a tower of patience
he rested
in its shade
into a gate of wisdom
through which he entered
the garden of light

She would change
into a soft ewe
for his hands
into a cricket
playing on eyelashes
into an apple
for his lips

She was
a sweltering wind
fanning the flame
a hot grass
in which he submerged himself
an impetuous river
which covered heaven and earth

 She would change
into a tree of silence
giving birth to sleep
into a dahlia
illuminating darkness
into a bird
bringing the day

Stawała się
lustrem
by mógł oglądać
swoją doskonałość
koszykiem
w nim chował
samotność
ziemią
po której szedł
na księżyc

Gdy odchodził
zamieniała się
w siebie
okrytą szczelnie
jego ciężkim
cieniem

She would become
a mirror
for him to see
his perfection
a basket
in which he hid
his loneliness
the earth
upon which he walked
toward the moon

When he'd leave
she would change
into herself
covered tightly
with his heavy
shadow

Latarki

Myślałam
słowa twoje są
z aksamitu i ognia

a one były
z kolorowej bibuły

Myślałam
oczy twoje
to płomienie

a to były
latarki
prowadzące w jedną noc

Flashlights

I thought
your words were made
from velvet and fire

but they were made
from colored tissue

I thought
your eyes
were flames

but they were
flashlights
leading into one night

Przychodził nocą

Przychodził nocą

Zabierał
jej włosy
śpiące w mroku

Zabierał
bursztynowy półksiężyc
brzucha

Zanurzał się w niej
jak chrząszcz
w płonącej nasturcji

Zamykał ją w dłoniach
ciasno
szczelnie

Nie czuł
że się wymyka

Nie słyszał
jak odchodzi

Nie stukały obcasy
niebieskich pantofli

He'd Come at Night

He'd come at night

He'd take
her hair
asleep in the dark

He'd take
the amber half-moon
of her belly

He'd immerse himself in her
like a beetle
in a flaming nasturtium

He'd shut her in his palms
firmly
tightly

He didn't feel
that she was escaping

He didn't hear
she was leaving

The heels of the blue slippers
didn't click

*   *   *

Rozumiem Panie
że nie możesz mnie pomóc
kiedy Cię czasem o to proszę
bo jestem samowolna
nie gotowa na Twoją pomoc
a Ty nie chcesz się
mi narzucać

lecz te dzieci
Panie
tak niewinne
jak dzwonki na łące
tak ufne
jak pisklęta
czekające na pokarm
z rozchylonymi dzióbkami
tak otwarte
na Twoją pomoc
na Twoją wszechmoc

Więc gdzie Ty byłeś
Panie
kiedy rozbijano im główki
o kamienne ściany
kiedy duszono je
gazem
kiedy wystarczyłoby
dotknięcie Twego
palca bożego

a teraz gdy patrzysz
na tysiące bucików
pozostałych po nich
czy Ty chociaż płaczesz
Panie

                    Oświęcim 1989

*   *   *

I understand Lord
that you can't help me
when I sometimes ask for your help
for I am willful
not ready to receive it
and you don't want
to impose

but these children
Lord
as innocent
as bluebells in a meadow
as trusting
as baby chicks
waiting for food
with their little beaks parted
so open
to Your help
to Your almightiness

So where were you
Lord
when their heads were crooked
against stone walls
when they were suffocated
with gas
when one touch
of your divine finger
would have sufficed

and now when you look
at the thousands of their little shoes
left behind
do you at least cry
Lord

                    Auschwitz 1989

Pomnik Bohaterów Getta

Odważny jak kamień
który chciał opowiedzieć

Ogień z kamienia
jest zimny

Nie cuchną
palące się ciała
żywych ludzi
ani włoski dziecka
które nic nie wie
nic nie wie

Usta z kamienia
krzyczące przerażenie
nienawiść i grozę
milczą

Wiatr nie rozwiewa
kamiennej brody starca
który wydziera z ziemi głaz
aby rzucić nim
w mordercę

Tu
gdzie ciała ludzkie
paliły się żywe
jak kawały żółtego drzewa
gdzie spadały z okien
jak przedmioty

gdzie gniły
jak jabłka w sadzie
odgrodzonym od świata
wysokim murem

A Monument to the Ghetto Heroes

Brave like the stone
which wanted to tell

The fire from the stone
is cold

The burning bodies
of living people
don't give off stench
nor does the hair of a child
who knows nothing
knows nothing

Lips made of stone
screaming dread
hatred and horror
are silent

The wind doesn't dishevel
the stony beard of an old man
yanking a rock from the ground
to hurl it
at the murderer

Here
where human bodies
burned alive
like pieces of yellow wood
where they dropped from windows
like objects

where they rotted
like apples in an orchard
separated from the world
by a tall wall

Tu
gdzie kropli krwi
tyle
ile ziaren ziemi

Tu
pokrzywa i oset
prawdziwsze są

Here
where drops of blood are
as abundant as
grains of soil

Here
nettles and thistles
are more real

*   *   *

Mówisz
Ja jestem

Mówisz
Ja mam świat
swój własny
osobny niezależny

tak skomplikowany
że nie jesteś w stanie
go pojąć

Zbudowałam więc
szczelne drzwi do niego

Nie pukaj
Nie otwieraj
Wstęp wzbroniony
Tobie

Mówisz
Ja mam kobietę
swoją własną
wara ci od niej
i kota mam
możesz mu przynieść rybę
lecz połóż ją na progu
mojego świata

Mówisz
Ja mam czas
swój własny i tej kobiety
któremu ty zagrażasz

*   *   *

You say
I am

You say
I have a world
of my own
separate independent

so complicated
you wouldn't
understand

So I built for it
a tightly fitting door

Don't knock
Don't open
Entry forbidden
to you

You say
I have a woman
of my own
stay away from her
and I have a cat
you may bring him some fish
but leave it at the doorstep
of my world

You say
I have time
my own and that woman's
which you threaten

I spokój mam
swój własny i tej kobiety
którego nie wolno ci naruszyć

Mówisz
Ja jestem

Mówisz
Ja mam świat
swój własny
osobny niezależny

To prawda
mówię
lecz nie byłoby cię
na tym świecie
gdyby nie ja
synku

And I have peace
my own and that woman's
which you mustn't disturb

You say
I am

You say
I have a world
of my own
separate independent

That's true
I say
but you wouldn't be
in this world
if it weren't for me
my son

Anna Janko

Tryptyk z wszechświatem

I

Odjeżdżam
walizki rzuciły się ze wszystkich stron
na moje życie
Potem
pootwierają się okna
(znam to z widzenia)
i wymienią powietrze na obce
Potem zatnie się tu cisza

II

Kochałam cię
ale wszechświat też jest ważny
Nie mogę dać się wciągnąć
w kobietę
W dzień z płaskim słońcem
karmić przybłąkaną czworonożną
etykę
wciskać kwiatki w strukturę rodziny
Cofam się
kłaniam się
rozsuwam palcami ostatni uśmiech
Słychać już znajome pękanie wartości
przez te szczeliny ujdzie wszystko
żegnaj spotkamy się na fotografiach

Anna Janko

A Triptych With the Universe

I

I am leaving
suitcases have jumped from all sides
upon my life
Later
the windows will open
(I've seen it happen)
and will exchange the air for a foreign one
Later silence will get stuck here

II

I've loved you
but the universe is important too
I can't allow being drawn
into a woman
on a day with a flat sun
to feed a four-legged stray
morality
to squeeze flowers into the family structure
I withdraw
take a bow
spread the last smile with my fingers
The familiar cracking of values can already be heard
through these cracks everything will escape
farewell we'll meet in photographs

III

Wszystko przygotowałam do odejścia
Wszystko jest już w drodze
Wszystko ogląda się za mną
a ja jeszcze tutaj
na nie swoim miejscu
Już się dom obraca przeciwko mnie
zaraz odrzuci martwe ciało
Nie walcz o nie
już nie mogę wrócić
już we mnie
tamta samotność
zapada

III

I've prepared everything for my departure
Everything is on its way
Everything is following me with its glance
but I'm still here
not in my place
The house is already turning against me
soon it will reject the dead body
Don't fight for it
I can't return
already within me
that loneliness
sinks in

Anna Janko

Na progu który pozostał

To nie ja
to szereg coraz starszych kobiet
przebiegają przez ciało jedna za drugą
od największej pożądanej
do najmniejszej zbędnej
w nadmiarze gościnnej skóry

Nie pamiętam która z nich z tobą zamieszkała
nie odpowiadam za to że wykrzyknęła w przelocie
                          że obiecała życie
dawała nie swoje
Teraz już dawno nie żyje
wypchnięta przeze mnie
            przeze mnie
            przeze mnie

At the Threshold Which Remained

That's not me
it's a succession of women getting older and older
they run through the body following one another
from the biggest the desired one
to the smallest the dispensable
in the surplus of the hospitable skin

I can't remember which one settled down with you
I'm not responsible for her outcry in flight
nor her promise of a life
it wasn't hers to give
Now she is long dead
pushed out by me
         by me
         by me

Gdy jesień w domu — zamknąć okiennice

Dawniej ciekawi podchodzili do mojego okna
nic nie było ukryte
szafy bezdrzwiowe
łóżka jak otwarte małże
z jeszcze żywą pościelą
moje nogi niedorosłe
błyskały po pokoju
i byłam pożądana jak szklanka chłodnej wody

czułam — jest uroczyście — nikt nie pił jeszcze

Teraz
palce mi zgrubiały
zaczęłam opowieść o starości
zamknęłam szafę
przykryłam łóżko
by nikt się nie dowiedział
tego o czym wszyscy wiedzą

When Autum's Home, Close the Shutters

Earlier the curious would come to the window
nothing was hidden
closets without doors
beds opened up like clams
with the bedding still alive
my immature legs
used to flash all over the room
and I was desired like a glass of cold water

I felt solemnity—nobody has drunk yet

Now
my fingers grew thick
I've begun a story of old age
I shut the closet
covered the bed
so no one would know
that which everybody knows

Ta dobra stara kobieta

Ty się nie porwiesz
na nic co wymaga
odlotu
zaciśniesz zęby i pozostaniesz
ze swoim dobrym ciężkim sercem

w ciszy będziesz śledziła
śmierć — tę dochodzącą opiekunkę
jak powoli usypia wszystkich bliskich
których obrałaś sobie za więzienie

gdy potem zechcesz wyskoczyć
do własnego życia — za skrzypiącymi drzwiami
nowa epoka
wszystkie miejsca zarezerwowane
każdy ma już swoją parę

oszołomiona
nierozpoznana

wracaj do wielkiego domu
czeka na ciebie opiekunka
zostałaś jej jedyna na świecie
ostatnia pociecha jej ust ssących

That Good Old Woman

You won't rush to do
anything which requires
a flight
you'll clench your teeth and remain
with your kind heavy heart

in silence you'll watch
death — that visiting nurse
as slowly it puts to sleep all those close to you
whom you've selected as your prison

when later you'll want to jump off
into your own life — behind the squeaking door
there'll be a new epoch
all seats reserved
all couples paired off

you'll be dazed
unrecognized

go back to the great house
the nurse is waiting
you're the only one in the world left to her
the last consolation of her sucking lips

Alfabet

Jestem w tobie ślepcem
mogę się tylko domyślać
Ty podajesz alfabet
który odgaduję palcami

Możesz mnie oszukać
Twarde myśli poowijać
w kocie skórki
I to ryzyko jest właśnie miłością

Błękit jest szklany
obawiaj się błękitu
Sosny są miękkie
zanurz w nie głowę
Wierz mi

Wierzę

Po twoim lesie mogę chodzić
od drzewa do drzewa
w zaufaniu które jest
okrągłe jak pień sosny
okrągłe jak twoja szyja

Wierzę
że słońce mogę ogrodzić płotem

The Alphabet

I am blind in you
I can only conjecture
You offer the alphabet
which my fingers guess

You can deceive me
Wrap hard thoughts
in feline pelts
And that risk is love

The blue is like glass
be fearful of the blue
Pines are soft
submerge your head in them
Believe me

I believe

In your forest I can walk
from tree to tree
in confidence which is
round like a trunk of a pine
round like your neck

I believe
that I can fence the sun

Salomea Kapuścińska

Bursztyn

drzemiące na bursztynach
żywe tętno morza
otwiera łono pragnień tysiącleci
co utoczyły szum lasów przedwiecznych
w drogocennej żywicy
skamieniałe słońca

nie tknięte ręką drwala
zciszone burzami drzewa
łkały w gorączce gwiezdnej
na żądnej łez planecie

bursztyny życiodajne
chłonę waszą gorycz

Salomea Kapuścińska

Amber

the living heartbeat of the sea
slumbering on top of amber
opens up the milleniums' womb of desires
which rolled the whisper of prehistoric forests
in the precious resin rest petrified suns

untouched by the woodcutter's hand
silenced by storms the trees
sobbed in the astral fever
on the planet eager for tears

life-giving amber
I absorb your bitterness

Pamięć słowa

uczcij pamięć słowa minutą milczenia
pierwszego słowa które wymówiłeś w życiu
czy było to słowo "mamo" mówione wśród krzyku
wojen które człowiek rozpętał na ziemi?

i już nie pamiętał do kogo zwrócone
jak gwiazda spadło w otchłań niepamięci
bez tego słowa na pewno utoniesz
bo ono — ster łodzi — chroni cię od śmierci

The Memory of a Word

Honor with a moment of silence the memory of a word
the first word you've ever spoken
was it the word "mama" uttered amidst the cry
of wars man has unleashed on earth?

and he no longer remembered to whom it was addressed
it fell like a star into the abyss of oblivion
without that word you are certain to drown
for it — the boat's rudder — protects you from death

Cygańskie dziecko

dziecko poczęte przy krzyżu przydrożnym
nocą pijaną od ślepych zapomnień
w łożu z korzeni rozwichrzonej sosny
w dreszczach ciemności podpalonej ogniem

to dziecko będzie z cygańskiego łona
rwało się prosto na gwiezdne orbity
rozerwie niebo krzykiem od Oriona
po jasny oddech Wielkiej Niedźwiedzicy

a potem będzie człowiekiem zamożnym
bo sprzeda życie za swych gwiazd srebrniki
aby się w polu pod krzyżem położyć
i wieść rozmowę z Bogiem co też krzyczy

A Gypsy Child

a child conceived by a roadside cross
on a night drunk with blind oblivion
in a bed made of a tousled pine's roots
set ablaze in the throes of darkness

this child will issue from a Gypsy womb
to dart straight toward astral paths
he'll pierce the skies with a scream from Orion
to Big Dipper's bright breath

and then he'll be a well-to-do man
he'll sell his life for his starry silver coins
so he can lie down by the cross in the field
and talk to God who also screams

Wdowiec

nikt nocą nie utuli twojej siwej głowy
wielka łza staruszka krzepnie w morzu wstydu
ludzie gardzą płaczem gdy płacze mężczyzna
a kula ziemska toczy się ku przystani dobrego słowa
kto czeka na przystani ze szklanką herbaty
z kawałkiem chleba w którym żytnie spoczęło słońce
wdowiec długo rozmyśla — widzi swoje winy
i całą pracę życia wypuszcza z drżących dłoni jak
dziecko
zabawkę którą się znudziło
meble w mieszkaniu są wilgotne od żalu
powietrze pachnie lawendą którą użył rankiem
boi się ludzi bo chcą mu odjąć łaskę cierpienia
nocą przychodzi ona piękna dwudziestoletnia
naga daje znać dłonią
czy to już czas?

A Widower

no one will hug your gray head at night
an old man's big tear solidifies in the sea of shame
people show scorn when a man is crying
and the earth turns toward the haven of good word
who waits for you at the harbor with a cup of tea
with a slice of rye bread on which the sun rested
the widower ponders a long while — sees his wrongdoing
and drops his whole life's work from his trembling hands like
a child
drops a toy which no longer pleases
the furniture in the apartment is moist with sorrow
the air smells of lavender which he used in the morning
he's afraid of people for they want to take away
the grace of suffering
at night she comes beautiful twenty years old
naked she gives a sign with her hand
is it time yet?

Matka Teresa

dzień
wsunięty pomiędzy dwa sny
brutalnością jawy
skalpelem wyobraźni
otwiera w nas sumienie
jak ktoś głodny i nagi
co czeka w progu bez skargi
jest tak bezbronny
jak wróg twój
gdy nagle
podarujesz mu gwiazdę
dzień
oddycha milionem
ust nienasyconych
patrzy
oczami rannych kalekich i chorych
jesteś kamienna
Matko Tereso
jak posąg dnia
trzymając w dłoniach przytomnych
ster rzeczywistości

Mother Theresa

A day
slipped between two dreams
by brutal reality
opens our conscience
with the scalpel of imagination
like someone hungry and naked
waiting at the door without complaint
as vulnerable as your enemy
when suddenly
you offer him a star
the day
breathes with a million
insatiable mouths
looks
with the eyes of the wounded, crippled and ill
you are like a rock
Mother Theresa
like a monument of the day
holding in your conscious hands
the helm of reality

* * *

to myśmy dźwigali śmiertelną nagość ziemi
w przypływie krwi serdecznej jak morze wezbrane
byliśmy niewidomi byliśmy głuchoniemi
ze słonecznych Edenów skazani na wygnanie

odkupieni cichością i ubóstwem Boga
nadaliśmy ludziom i gwiazdom imiona
stawialiśmy krzyże na upadku drogach
aby rzecz rozpoczęta stała się skończona

*   *   *

it was we who carried the mortal earth nude
in the tide of tender blood like a rising sea
we were blind we were deaf-mute
from sunny Edens forced to flee

redeemed by God's poverty and quietude
we bestowed on people and each star a name
we erected crosses on the roads of turpitude
so that the thing begun could end

Prośby

człowiek prosił ziemię o pokarm
a rajskie zakwitły jabłonie
człowiek prosił krzemień o iskrę
a świat stanął w płomieniach
człowiek prosił o zmiłowanie
ktoś musiał na krzyżu umierać
to było dawno a dzisiaj —
o co prosić ma teraz?

Requests

man asked the earth for food
and paradisiac apple trees blossomed
man asked the flintstone for a spark
and the world stood in flames
man asked for mercy
someone had to die on the cross
that was long ago but today —
what is he now to ask for?

Urszula Kozioł

Twa ojczyzna
              krzak jeżyn
słono sobie każe płacić
krwią
za rześki owoc
który w czas posuchy przywraca cię
do życia.

Urszula Kozioł

*   *   *

Your fatherland
         a blackberry bush
makes you pay dearly
with blood
for the refreshing fruit
which during drought brings you back
to life.

* * *

Taki upał,
że aż zaparowało mowę

spółgłoski
zwłaszcza te dryblaste jak szczapy
wolą bawić się w chowanego

dźwięczna
bezdźwięczna
i dźwięczna znów
zależnie od okoliczności

sensy plączą się
w nazbyt obszernych fałdach
niespodziewanych zdarzeń

po co tu mówic
o czym
lepiej mamrotać prychać
mruczeć
jak kot.

(latem 91)

*   *   *

It's so hot
speech is shrouded in steam

the consonants
especially those tall as beanpoles
prefer to play hide and seek

a voiced
a voiceless one
and again a voiced
depending on circumstances

meanings get tangled up
in the superabundant pleats
of unexpected events

why bother speaking
and about what
it's better to mutter and snort
purr
like a cat.

(Summer 1991)

*   *   *

Ta róża
która tego ranka zakwitła w ogrodzie
nie zna żadnych o sobie sonetów
ani tej ody Ronsarda
         (*mignonne, allons voir si la rose
              qui ce matin avoit desclosé
              sa robe de pourpre . . .*)
ani wie kim on był

nie dba o rym wpisany do kunsztownej strofy
ale wie
że jest różą.

Zrazu duka niewprawnie swój pąk
dyga
duka znów
dyga

a potem coraz płynniej
odgina płatek za płatkiem
odgina zapach
i oblewa się pąsem
składając raptem coś na kształt: *mignonne* . . .

Teraz już wyraziście
sadowi się w podwojonym kwadracie
a-bb-a   a-bb-a

dookreśla swoisty trójkąt
(koronę)
z łuku cdc
(wraz z jego lustrzanym odbiciem)

*   *   *

This rose
which blossomed in the garden this morning
knows no sonnets about itself
nor this ode by Ronsard
> (*mignonne, allons voir si la rose*
> *qui ce matin avoit desclosé*
> *sa robe de pourpre . . .*)

nor does it know who he was

it doesn't care about a rhyme written into an artful stanza
but it does know
it is a rose.

Unschooled, at first it hems and haws its blossom
curtsies
hems and haws again
curtsies

and then more and more fluently
it unfolds one petal after another
unfolds fragrance
and blushes profusely
suddenly formulating something like: *mignonne . . .*

Now more distinctly
it settles into a doubled square
a-bb-a   a-bb-a

defines sharply a specific triangle
(a crown)
from the cdc arch
(along with its mirror image)

napina ten łuk
                napina
wypuszcza strzałę—
i utrafia w samo sedno tej chwili.

draws it like a bow
          draws it
lets go of the arrow —
and hits the very mark of this moment.

Odyseusz do Kirke

Nie czyń mi tego, Kirke
już mi więcej przyjaciół nie zamieniaj w wieprze
niech cię zadowoli chrumkająca trzoda
którąś mi wzięła dotąd. Wzrok odwracam
tak jej widok — wcale nie śmieszny! — hydzi mnie i wstydzi.

Zostaw mi bodaj dwu-trzech starych druhów
bym miał z kim przy kielichu wspominać
czas nazbyt szybko zbiegły nie wiadomo na czym
niech mi przy tym nie psuje skupienia ten szczegół
że komuś wyrósł ryj czy ogon nieprzystojny zgoła.

Mówisz, że łatwo znajdę druhów młodych
co chętnie ucho skłonią na bieg moich przygód?
Sama nie wierzysz w to. Raz — że różnica pokoleń
(oni tam zwykli stadnie wokół samych siebie
ten huczek wszczynać i pić sobie z dzióbków)
na cóż im taki jak ja zrzęda, dziwak
co nie umie do swego domu trafić (i tak dalej)
a dwa — zbytnio leniwym by się przyzwyczajać
do czyich nowych przywar
                        tu już zgadywać nie muszę
dość, że polegać w jakimś stopniu na nich mogę
znając na pamięć ich miarę
i w tym co górne i w tym co ułomne.

Ale spójrz, Kirke — zanim sen jaki rodem z Kapadocji
lub jeśli wolisz, z projekcji Gaudiego
pchnie nas wahadłem aż się zachłyśniemy
wisząc pomiędzy dwiema otchłaniami
istnego bytu i domniemanego
wraz ze mną w chwili tej — tak nierzeczywistej! —
między zmierzchem a nocą — tak irracjonalnej! —
spójrz na pobłękitniały teraz asfalt drogi
gdy tu i tam światełko nagle się zapala

Odysseus to Circe

Don't do this to me, Circe
don't turn my friends into swine anymore
be content with the snorting herd
you've taken from me so far. I turn my eyes away
yes their sight — isn't funny at all! — it revolts and shames me.

Leave me at least two-three old pals
I can reminisce with over a drink
about time which went by too fast and who knows how
But don't let such details distract me
as a newly grown snout or an indecent tail.

You say I'll easily find young pals
who'll lend their ears to the course of my exploits?
You yourself don't believe it. First — there's the generation gap
(they are used to make a ruckus in their own flock
and to drink from their own beaks)
What do they need a windbag like me for, a crank
who can't find his way home (and so on)
Secondly — I'm too lazy to get used
to somebody else's vices
                    mine I don't have to guess
it's enough that I can rely on them to some degree
knowing by heart their scope
both in what's sublime and what's flawed.

But look, Circe — before some dream descendent from
    Cappadocia
or, if you prefer, from Gaudi's projection
pushes us with a pendulum till we are out of breath
hanging between two chasms
of real and conjectured being
Together with me in this very moment — so unreal! —
between dusk and the night — so irrational! —
look at the asphalt on the road just turned blue
when here and there a light suddenly comes on

w pojazdach mknących
                  żółto się zapala
niczym ta skąpa lampka w chatce dawnych wiosek
która do mnie mrugała bym na popas stanął
i do ptaków, ażeby poniechały lotu
i do gwiazdy — a gwiazda jej odmrugiwała —

a mnie za świat cały
wystarczał wtedy listek przyklejony
kroplą deszczu do szyby, co imitowała
bezmiar pustek —

Ten co życia godziny zwykł dzisiaj tasować
ciżbą obrazków video, w rozbłyskach dyskotek
czy zdoła pojąć to co czuję ja
widząc światełko żółte w niebieskawym zmroku?
Ten widząc mnie czy krzyknie
                  — a pamiętasz raki
któreśmy wypatrzyli w tamtym stawie
pośród sterczących w mule skorup małży?

Jest milion innych stawów a mnie tylko ten
przez sny przyzywa
                  ja com obiegł światy
ja com morza opłynął zakosztował cudów
dziwów doznał i przygód — chciałbym jeszcze raz
ten choćby raz jedyny pobiec tamtą miedzą
czy ścieżką za ogrodem dziadka
wzdłuż drzewek czarnej wiśni obok gąszczu malin
i dobiec do torfowej grobli gdzie mnie żółtobrzeżek
czeka pewno i traszka wśród płowych szuwarów
a ważka się gotowi na mój grzech niewyznany
dziecinny, zważyć pilnie na swych skrzydeł szali —

Ale nie o tym chciałem. Słuchasz mnie?
Biegnąc po kole czasu właśnie dziś dojrzałem
własne plecy przed sobą i na wskroś
przeniknął mnie przepastny, lodowaty ziąb.

in the vehicles rushing by
                              it lights up yellow
as in a hut of the villages of old a skimpy lamp
would wink at me and lure me to stop
and at birds to give up flying
and at a star — which winked back —
for me then a small leaf
glued with a raindrop to the windowpane,
which imitated the boundless void,
stood for the whole world —

He who these days shuffles the hours of life
by the crush of video images, nightclub flashes
would he understand what I feel
seeing the tiny yellow light in the bluish dusk?
Seeing me will he exclaim
                              — remember the crayfish
we spotted in that pond
among the shells of shellfish stuck in the mud?

There's a million other ponds but only this one
calls me in my sleep
                              I who have wondered the worlds
sailed the seas tasted miracles
experienced wonders and adventures — I'd like once more
just this once to run on that trail
or the path behind grandfather's garden
along the black cherry trees by the raspberry thicket
and to reach the peat dike where a yellowbird perhaps awaits me
or a newt among faded bullrushes
and a dragonfly is getting ready to weigh my unconfessed
    childhood sin
urgently on the scale of its wings —

But that's not what I wanted to tell you. Are you listening?
Today, running along the circle of time I've noticed
my own back before me and I sensed a penetrating,
vast and icy cold.

Nim się ze sobą minę pozwól więc pogadać
ze starym przyjacielem czy on czuje też
ten wiew znikąd donikąd co stropił mnie wielce —

Słuchaj-no, Kirke
— jeżeli z tobą tu gadam, a nie z jakąś
no poły opróżnioną flachą czy kielichem —
już mi więcej przyjaciół nie zamieniaj w wieprze
zostaw bodaj jednego
                    korci mnie, by wiedzieć
co on na takie dictum które zbija z tropu
zagarniając nas raptem w swój bezkresny przeciąg.

                              listopad '94

Before I outrun myself, please let me talk
to an old friend and see if he, too, feels
this gust from nowhere to nowhere which upset me so much —

Listen up, Circe
— after all, I'm talking to you and not
some half emptied bottle or glass —
don't change my friends into swine anymore
let me have at least one
                              I'm so curious to know his response
to the message which gets one off the track
grabbing us suddenly into its boundless draft.

November 1994

Wielka pauza

Najpierw myślisz
że to rozłupany na pół orzech
naszego świata

jedna połowa przeżuta
                druga
choć się otwiera na wielość znaczeń
nadal zakryta
rzekłbyś — twardy z niej orzech
do zgryzienia —

tymczasem cykl się obraca
i nagle wszystko jest zupełnie inne
niż kiedykolwiek dotąd

i nawet już nie to ważne
że kończy się tysiąclecie jedno czy drugie
albo że nowe się zaczyna

to coś więcej
o wiele więcej inaczej niż nam się zdaje

oto wciąga nas w wir
                w swój lej
wielka pauza.

Czy nie sądzisz że dzieje się tak
jakby wyłupywała się z nas
nowa era
niepodobna do niczego co było dotąd

tracę głowę.
Czy ktoś mógłby mi pomóc
czy mogę komuś pomóc

A Great Pause

First you think
that it's a cracked in half walnut
of our world

one half chewed
                the other
though it's opening to multiple meanings
is still covered
you'd say — it's a hard nut
to crack —

meanwhile the cycle revolves
and suddenly everything is completely different
from what it was ever before

and it's no longer important
that this millenium ends or another
or that a new one begins

it's something more
much more and different than it seems to us

here we are drawn into its vortex
                    into its funnel
by a great pause.

Don't you think that what's happening
is as if a new era
was breaking out of us
unlike anything that existed till now

I'm losing my mind.
Can anyone help me
can I help anyone

zagarnia nas w lej swój wielka pauza

dokąd to zaprowadzi — .

Może trzeba się uchwycić tego
co dobrze znane ukochane lub odrzucone
ale znane — .

Przeszyci na wskroś bolesnym kolcem
naszej urzekającej epoki
rwącej
jak koń co zerwał wszelkie wędzidła
my
rażeni zachwytem i grozą rzeczywistości
tej co faktycznie jest
czasem
          — a nie li tylko obrazem czasu
światem
          — a nie li tylko jego obrazem
doznający wielorakich smaków
          — a nie samych przekazów o nich

na palcach na paluszkach
obchodzimy te przedziwne istoty
— swoich następców —
istnych przybyszów z innej cywilizacji
wgapiających się w pozór
w mamiące odbicia rzeczy tego świata.

Czy nie sądzisz że dzieje się tak
jakby z naszej starej planety
odrywała się inna
już nie zasiedlona przez podobnych nam
tych od tysiącleci podobnych
do mnie do ciebie
takich samych jak my
i jak my niepodobnych zarazem do tych
zrodzonych dopiero co

the great pause snares us into its funnel

where will this lead us —

Perhaps one should grasp
what's very familiar loved or rejected
but familiar —

Pierced through by a painful thorn
of our escaping epoch
which rushes
like a horse that tore all bridles
we
smitten with admiration and dread of reality
the one that actually is
with time
      — and not just the image of time
with the world
      — and not just its image
sensing various tastes
      — and not just accounts of them

gently, very gently
we tiptoe around the most bizarre creatures
— our successors —
virtual visitors from another civilization
who gawk into appearances
into the deceitful reflections of the things of this world.

Don't you think that what's happening
is as if another planet was separating
from our old one,
a planet no longer inhabited by creatures like us
who for thousands of years have been like us
like me like you
identical with us
and like us unlike those
born just recently

teraz
przybyszów innej cywilizacji — .

Popatrz na te maleństwa zawczasu pojmane
w sieci niewidzialnych lecz istniejących promieni
wplątane w elektroniczne sieci
w impulsy ekstatycznych wibracji

czyż nie są
jakby zdalnie sterowani stosownym pilotem —

włącznik wyłącznik
i jeszcze na to zagłuszająca wszelką "mojość"
fala złowieszcza tonów
wbijanych przez ucho pod mózgową korę — .

Nie muzyka a zgiełk.

(Nawet jeżeli przejaskrawiam
żeby coś uzmysłowić mnie i tobie —
dokąd to zaprowadzi powiedz).

Kim oni są ci nowi
kimże są
mylący jakże często bramy
między jawą a snem
między snem na przeciąg nocy
a snem na zawsze
obywający się bez rozróżnienia
co jest fikcją co faktem
co bólem bólu
a bólem do pomyślenia
(wzrost okrucieństwa nieletnich
czyż nie przemawiałby za tym?)

Tracę glowę
zagarnia mnie w wir swój wielka pauza

now
visitors from another civilization —

Look at these little tykes already captured
into the net of invisible but existing rays
woven into electronic nets
into impulses of ecstatic vibration

aren't they
as if remotely controlled by a proper pilot —

the on and off buttons
topped by a wave of sinister sounds
rammed through the ear under the brain's cortex
and deafening everything I consider "mine" —

Not music but clamor.

(Even if I'm exaggerating
to make something clear to you and me —
where will it lead tell me).

Who are the new ones
who are they
who so often confuse the gates
between dream and reality
between a dream for a night
and a dream for ever
they who need no distinction
between fiction and fact
pain of pain
and imaginable pain
(doesn't the increased cruelty of minors
attest to it?)

I'm losing my mind
drawn into the vortex of the great pause

w przerwanej zbyt gwałtownie sztafecie pokoleń

no i ten rozziew świadomości
rysa
bardziej przepastna niż Rów Mariański
w głębiach oceanu

także rodzaj ich zniewolenia
              wielorakich uzależnień —

co myślisz o tym
o nas o nich i w ogóle.

Muszę uchwycić się czegoś co dobrze mi znane
co urzekało mnie i nadawało sens
odchodzącemu właśnie temu mojemu czasowi.

Czy ktoś mógłby mi pomóc czy mogę
komukolwiek pomóc
gdy w swój lej mnie zagarnia wielka pauza.

                                        20/21 X 1995

in the interrupted too abruptly relay race of generations

and also this hiatus of consciousness
a crack
more precipitous than Marianna's Trench
in the depths of the ocean

and the type of their enslavement
        the multiple dependencies —

what do you think of this
of us of them and in general.

I have to hold on to something quite familiar
that used to enchant me and bestow meaning
on my times which are departing right now.

Could anyone help me can I
help anyone
when the great pause draws me into its funnel.

October 20-21, 1995

Mira Kuś

Alicja w krainie czarów

chciałabym pisać łagodne wiersze
delikatne liryki
świetliste pejzaże

chciałabym uciec

ale tzw. dzisiejsze czasy
wbijają zęby
w moją łydkę

staję więc
na rękach

spytacie państwo: i cóż to zmienia?

odpowiem: zmienia
mój punkt widzenia

Mira Kuś

Alice in Wonderland

I'd like to write gentle poems
delicate lyrics
luminous landscapes

I'd like to escape

but the so called our times
cut their teeth
into the calf of my leg

so I stand
on my hands

you'll ask: so what does it change?

It changes my point of view.
That's my answer for you.

Mira Kuś

*   *   *

Natura daje mi tajemne znaki
i wywołuje mnie z łóżka
o wpół do pierwszej w nocy
wychodzę na balkon
sama przeciw całemu kosmosowi
słyszę jak głośno bije
moje serce
niewiele większe od pięści
a przecież musi sprostać
i wszystko to w sobie pomieścić

*   *   *

Nature gives me secret signs
and calls me out of bed
at twelve thirty AM
I go out on the balcony
alone against the entire cosmos
I hear the loud pounding
of my heart
not much bigger than a fist
and yet it has to be equal to it all
and contain it all in itself

Koniecznie

Łysych można pokryć papą.
Lub przeflancować. Zasadzić begonie.

Zrobić na balkonie porządki.
Zamontować skrzynki.

Nawieźć.
Zasiać, obsiać, polać.

W łazience wyszorować wannę.
Kotu umyć ogon.

Jeśli tego nie dość —
zabrać się za okna.

Wyszczotkować kanarka.
Wytrzepać dywany.

Pchły oddać do cyrku.
Dietę zastosować.

Śmierć
Niech czeka.

Historia
Niech się dzieje.

Miłość — niechaj nie zwleka.

Bo trzeba coś robić
Żeby się nie poddać.

Trzeba coś robić.
Koniecznie.

Absolutely

One can cover the bald with tar cloth.
Or replant. Or plant some begonias.

Tidy up the balcony.
Fix up some boxes.

Fertilize.
Sow, plant, water.

Scrub the bathtub in the bathroom.
Wipe the cat's tail.

If that's not enough —
Start on the windows.

Brush the canary.
Clean the rugs.

Give away fleas to the circus.
Begin a diet.

Death
Let it wait.

History
Let it happen.

Love — let it not stall.

For one has to do something
in order not to give up.

One has to do something.
Absolutely.

Bezdomność

zbyt kruchy to dach — słowo
a czynsz . . . jakże wygórowany

jednak trzeba gdzieś mieszkać

w słowie w nucie w listku
w swoim czasie

patrzeć i widzieć
i słyszeć

spoza granic języka
znaki nowe zdania

czuwać nad sprzężeniem zwrotnym
podświadomość = = = = myśl

granice poznania przesuwać
odpowiedzi
w końcu o tyle są ważne
że prowadzą do następnych pytań

zdania budować

żyć, myśleć

umierając bezdomnie
między wierszami

Homelessness

The word — is too fragile a roof
and the rent . . . is much too high

still one has to live somewhere

in a word in a note in a leaf
in one's time

to look and to see
and to hear

signs new sentences
from outside the limits of language

watch over the feedback
subconsciousness – – – – thought

move the limits of cognition
answers
after all are important in so far as
they lead to subsequent questions

to build sentences

to live, to think

dying homelessly
between the lines

Miłość

to przeprowadzić się o kilka pięter wyżej
kupić nowe meble musztardówkę zamienić na

                          szklankę
brak powietrza zamienić na powietrze
nic zamienić na wspólny stół i tzw. wspólne łoże
miłość to kilkupiętrowe oszołomienie to przejażdżka
w chmurach na rowerze (proszę bez aluzji) miłość to
no miłość to przeprowadzić się o kilka pięter wyżej
i patrzeć jak spadamy coraz niżej zresztą miłość
kto ją tam wie

Love

means moving a few floors up
buying new furniture replacing an empty jar with a glass
substituting lack of air with air
exchanging nothing for a common table and a so called
    common bed
love is a multi-leveled shock it's a joy ride on a bike
in the clouds (no allusions please) love is, well
love is moving a few floors up
and looking how we fall down lower and lower
actually, love, who knows what it is

*   *   *

Kamień, który mnie zgniata
przemieniam na słowa. Dlatego często
w moim słowie jest twardość kamienia, a moja mowa
jest gwałtowna i poszarpana.

Patrzę w ślad za moimi słowami.
Na twoją twarz i ramiona. I zamiast lekka
staję się pusta.

*   *   *

The stone which crushes me
I turn into words. That's why often
there's the hardness of stone in my words, and my speech
is impetuous and jagged.

I look at the traces of my words.
At your face and arms. And instead of growing lighter
I grow empty.

Moja Matka

Moja Matka jest smutną,
zadręczoną kobietą
o zawsze w pogotowiu zagryzionych wargach,
by po policzku nieopatrznie
nie spłynęła łza.

Już tyle lat moja Matka
gromadzi w sobie płacz.

Moja Matka jest starą,
zmęczoną kobietą.
Posiwiałą i pomarszczoną
ze zgryzoty.
Moja Matka jest
skuloną w sobie łzą.

Moja Matka
jest mną,
tą od wewnątrz.

My Mother

My Mother is a sad,
worn-out woman
always biting her lips lest
a tear inadvertently
roll down her cheek.

For so many years now, my Mother
has amassed weeping within her.

My Mother is an old,
tired woman.
Turned grey and wrinkled
from grief.
My Mother is
a tear curled up in itself.

My Mother
is me,
the inner me.

Mira Kuś

* * *

i tak powoli schodzę coraz głębiej
jeszcze widzę pnie drzew i kamienie
jeszcze oglądam się i wiatr
wciągam w płuca
jeszcze mi żal

ale któregoś dnia
zacisnę powieki i wejdę
w ten najgłębszy ból
od którego otwiera się ziemia

*   *   *

and so I slowly descend deeper and deeper
I can still see the tree trunks and stones
I can still look around and inhale
wind into my lungs
I can still feel regret

but one day
I'll close my eyes shut and enter
the deepest pain
which makes the earth open

Krystyna Lars

Czarny napis

Jesteśmy Literami — głosem Alfabetu
On nami mówi do otwartej pustki
i sprawdza naszym głosem Kolory powietrza
Przez nasze palce — czarne rękawiczki —
przechodzi miękko jego czuły dotyk
którym zgaduje kształty swego ciała
boleśnie rozciągnięte w morzu gwiazdozbiorów
Rozświetla nasze oczy, aby się w nich odbić
jak się odbija jego senna głowa
w gładkiej i martwej źrenicy jeziora
okolonego rzęsą czarnych sosen.
Ten dotyk wzroku, ta czujność spojrzenia
splata się lasem i girlandą dymów
w wielkie poznanie, w wielką ciemną próbę
To, co się zmienia — znać się chce w swej zmianie
On wciąż odkrywa nami, kim jest
i kim będzie. Sobie nieznany, samotny
potężny idzie przez czarny kosmos
wyciągając dłonie — nas: laski ślepca
w milczącej ciemności
On nas wywołał na chwilę z powietrza
białe Litery ulepione z ciała
— ażeby sprawdzić ile słów podniosłych
można nami napisać na arkuszu nieba.

Krystyna Lars

A Black Inscription

We are Letters — the voice of the Alphabet
It speaks through us to the open void
and tests with our voice the Colors of air
Through our fingers — black gloves —
its tender touch passes softly
guessing at the shape of its body
painfully stretched in the sea of starry constellations
It brightens our eyes to be reflected in them
just like its sleepy head reflects from
the smooth and dead pupil of a lake
surrounded by eyelashes of black pines.
This touch of the gaze, this alertness of the look
weaves with the forest and the garlands of smoke
into great cognition, into a great dark test
That which changes — wants to know itself as it changes
It repeatedly discovers through us, what it is
and what it will become. Unknown to itself, lonely
powerful it traverses the dark cosmos
stretching its arms — us. the blind man's cane
in the silent darkness
It called us for a moment from the air
white Letters made of flesh
— to check how many lofty words
can be written using us on the folio of the sky.

Bezsenność

Niech nigdy nie kończy się ta bezsenność
Niech nigdy nie odlatuje ta bezsenność

Kiedy żyję w niej, odkrywam granicę
między ramionami a myślą
strachem i sercem

Kiedy żyję w niej, zaczynam wierzyć
że miłość łączy nas ponad uściskiem mięśni
że słowa są cięższe od powietrza
i świecą jaśniej niż światło zapałki
w ciemnym pokoju przed świtem

Insomnia

May this insomnia never end
May this insomnia never fly away

When I live in it, I discover the borderline
between the arms and the thought
between fear and the heart

When I live in it, I start believing
that love unites us above the grip of muscles
that words are heavier than air
and shine more brightly than the light of a match
in a dark room before dawn

Wy

Macie na sobie czarne swetry
mundury, marynarki, twardy gest
i marzenie o obcości
W sobie strach
żeby nie być kobietą
Nawet podrabiacie swój charakter pisma
wyostrzacie litery
żeby nie przypominały ruchów
naszej ręki
Nienawidzicie swojego gestu
w nas
Nie chcecie by wasz gest
ułożył się w nasze dłonie
Najbardziej nienawidzicie siebie
kiedy
wzbiera w was łza
miękka jak nasze wargi

You *

You wear black sweaters
uniforms, jackets, tough gestures
and the dream of estrangement
Your inner fear is
to be a woman
You even forge your handwriting
make the letters sharper
so they wouldn't resemble the moves
of our hand
You hate seeing your gestures
in us
You don't want your gesture
to set into the palms of our hands
you hate yourselves most
when
a tear swells in your eyes
soft like our lips

*the title is in the plural (Translator's note.)

Nagość nas kocha

Nie oddaj im mojego ciała
Zgódź się na wszystko — tylko
nie oddaj im mojego ciała
Spal je
W środku nocy
Przy zasłoniętych oknach
Zawiń w liście aloesu
w bandaże zdarte z brzozy
w ostre skóry zwierząt
Zasyp gałązkami
ziarnami bursztynu
igliwiem nocy
Podpal

Niech nigdy nie będzie podobne do ich ciał

Lecz teraz niech powietrze zwinie się wokół nas
z bólu
Niech przezroczyste odbicia naszych ramion
odcisną się w nim — jak Znaki
Potem, na moment
niech rozbłysną w ciemności: Płonący Napis
Którego Oko nigdy nie odczyta

A oni?

Niech nad ranem na białych prześcieradłach
znajdą po nas garstkę popiołu

Nakedness Loves Us

Don't give them my body
Agree to everything— just
don't give them my body
Burn it
In the middle of the night
With the curtains drawn
Wrap it in leaves of aloe
in bandages torn off a birch tree
in rough animal hides
Spread twigs over me
and grains of amber
and needles of the night
then set them on fire

May it never resemble their bodies

But now may the air wrap around us
from pain
May the translucent reflections of our arms
get impressed in it — like Signs
Then, for a moment
may they flare up in darkness: A Blazing Inscription
Which the Eye will never read

And they?

In the morning, may they find on the white sheets
a fistful of our ashes

Piękny wstyd

Dotknij mnie. Oni już tu nie wejdą
Możesz odetchnąć. Zamknąć oczy
Szkło, w którym śpią nasze odbicia
Lśni w głębi pokoju
— czarne i pełne wspomnień
od których różowieją nam koniuszki uszu
Ten Piękny Wstyd ożywia nas —
nie chcemy, by umierał wraz z nami
Dłonie, w których pulsuje jeszcze niedawny dotyk
przefruwają za oknem jak para gołębi
Białe i senne nie pamiętają swoich imion
Powietrze odwraca się na wznak
i w miękkim znużeniu odsłania włosy wiatru

Teraz pokój ciemnieje —
tak jakby żaluzje stały się powiekami
To noc udaje, że nie chce na nas patrzeć
Nie wierzymy jej —
zbyt dobrze ją znamy
Mrużymy oczy. Splatamy palce nad głową
Czujemy słodki dreszcz — gdy wspomnienie wędruje
                                        pod skórą
jak ukryty tatuaż
Czekamy wstrzymując oddech
— nie potrafimy się bać
W pokoju jest coraz ciemniej
Powietrze drży — jak przebite włócznią
Umarli pochylają się nad nami jak lustra
— łagodni i piękni — zaglądają przez ramię
w otwartą książkę, która powoli oddycha
między nami no poduszce
Wiemy dobrze: jest niebezpieczna — widziała zbyt wiele
Nagle
Kiedy odgarniając włosy
nieostrożnie dotykam jej —

Beautiful Shame

Touch me. They won't come here anymore.
You can relax. Close your eyes
The glass, in which our reflections sleep
glistens in the middle of the room
— black and full of memories
from which the tips of our ears turn pink
This Beautiful Shame revives us —
we don't want it to die with us
The hands in which the old touch still pulsates
fly outside the window like a pair of doves
White and sleepy they don't remember their names
The air turns around and spreads supine
and in its soft fatigue reveals the hair of the wind

Now the room grows darker —
as if the shutters turned into eyelids
This is the night pretending it doesn't want to see us
We don't believe it —
we know the night too well
We half close our eyes. We interlace our fingers over our heads
We feel the sweet shiver — when the memory wanders
    under the skin
like a hidden tatoo
We wait holding our breaths
— unable to be afraid
The room grows darker and darker
The air trembles — as if pierced by a spear
The dead bend over us like mirrors
— gentle and beautiful — they peek over the shoulder
into the open book, which breathes slowly
between us on the pillow
We know very well: it is dangerous — it has seen too much
Suddenly
When pulling my hair back
I touch the book inadvertently —

zachodzi purpurą, w której przebłyskują łzy
Ramiona są rozchylone
Czerwień delikatnie dotyka zmrużonych rzęs
Cyprysowy krzyżyk gaśnie na piersiach
Moja szminka — na twoich wargach

it turns the shade of purple in which tears gleam
The arms are open
Redness delicately touches the squinting eyelashes
the cypress crucifix wanes on my breasts
My lipstick — on your lips

Ono nas słyszy

Udaje martwe
Udaje, że śpi
Nakryte kołdrą
ogrzewa oddechem ciemność
zaciska powieki
Chce słyszeć tylko swój oddech
Chce być tylko w swoim oddechu
Chce oddychać tylko własnym snem
Nie chce słyszeć
tego zza ściany
tego zza skały
tego zza wzgórz
nie chce słyszeć naszych oddechów
a one przelatują nad nim
jak strzępy piekącego ognia
nie chce słyszeć
a jednak całą skórą
chwyta drżenie powietrza
nic nie wie
a jednak czuje
że tam
ojciec rozdziera
ciało matki
w ciemnościach
i ona wcale nie krzyczy

The Child Can Hear Us

Pretends to be dead
Pretends to be asleep
Covered with a blanket
he warms up the darkness with his breath
closes his eyelids shut
Wants to hear only his own breath
Wants to be only in his breath
Wants to breathe only his dream
Doesn't want to hear
the person from behind the wall
from behind the rock
from behind the hills
he doesn't want to hear our breaths
yet they fly above him
like scraps of scorching fire
he doesn't want to hear
and yet with all his skin
he senses the vibration of the air
knows nothing
and yet feels
that over there
father is ripping
mother's body
in the dark
and yet she isn't screaming

Bogusława Latawiec

Dwa rytmy

Zrywamy się nocą z gorących poduch
i słuchamy jak przesuwa się nad nami
powietrze
całe w żywiołach armii, w biciu mundurów
Przeciwko nim
kruche tam-tamy naszych języków
                bijących o podniebienia
Dwa rytmy środka Europy

Poznań, kwiecień 84 r.

Bogusława Latawiec

Two Rhythms

At night we tear ourselves away from hot pillows
and listen to the movement above us
of air
animated with armies, with banging of uniforms
Against them
sound the brittle tam-tams of our tongues
                                pounding on our palates
The two rhythms of Europe's middle

Poznan, April 1984

Lata dziewięćdziesiąte

Pomiędzy dłońmi wiatrów przemykamy się
między Europą a Polską
w przewiewie trzaskają kontynenty
i przyjaciele milkną
uwikłani w czarne pętle powietrza
Chodzimy po wodzie
po ostrzu fal
stale od początku łapiąc równowagę
obolałą piętą
Nasze książki są jak przedmioty z drewna
Głuche
A głos?
Pytamy z nadzieją
nisko pochyleni nad mikrofonem
Ta nić powietrza
(przewijana szeleści jak płócienny bandaż)
czy zdoła zatrzymać
tych którzy biegną już
prosto w otwarty ogień
kamer?
Zatamuje krew?
Przez nasze pióra, rękopisy
twarze nasze w zbliżeniach
prószy gruboziarnista cisza
i sypią białe wiatry

Poznań, marzec 90 r.

The 1990's

Between the hands of winds we slip by
between Europe and Poland
the continents crack in the draught
and friends fall silent
entangled in the black nooses of air
We walk on water
on the edge of waves
constantly restoring our balance anew
with a hurting heel
Our books are like wooden objects
Deaf
And the voice?
We ask hopefully
bent low over a microphone
This thread of air
(when rewound it rustles like a linen bandage)
will it manage to stop those
who are already running
           straight into the open fire
of the cameras?
Will it stop the bleeding?
Through our pens, manuscripts
our faces in close-ups
the coarse-grained silence sprinkles
and white winds drizzle

Poznan, March 1990

Dwa ogrody

Dziki pąk
wypukany z ziemi palcem słońca
słucha jak idę po gorącym żwirze
i czai się do skoku
W powietrzu płyną żuki pod prąd
i przedzierają się koty
Światło siadło na pszczołach jak na plastrze miodu;
brzęczy
Prądy futer, piór, woni rwą ogrodem
jego niecką mokrą
przez moje gardło, oczy
Jestem niebu rzucona
w żyzną próżnię
Różę moich żył myśli pełną
wypukałeś z niebytu
Jestem ogród
                    ogrodowi żywcem wydany
na wieczne uprawianie

Poznań, maj 90 r.

Two Gardens

A wild bud
knocked out of soil by the sun's finger
listens to my steps on the hot gravel
and skulks to pounce
In the air bugs swim against the current
and cats struggle through
The light has reposed on the bees like on a honey comb;
it hums
Currents of furs, feathers, scents rush across the garden
through its moist trough
through my throat, my eyes
I've been thrown to the sky
into the fertile void
You've knocked out of nothingness
the rose of my veins filled with thoughts
I am a garden
            handed over alive to a garden
for eternal cultivation

Poznan, May 1990

W śniegu

Szłam ze śniegiem w oczach
i tylko moja czarna źrenica
dźwigała pamięć ciepła
Upał w tej śnieżycy był równie niewyobrażalny
jak myśl:

> o istnieniu duszy we krwi
> o istnieniu duszy poza krwią

Poznań, grudzień 90 r.

In the Snow

I walked with snow in my eyes
and only my black pupil
carried the memory of warmth
Heat in this blizzard was as unimaginable
as he thought:

> of the existence of soul in blood
> of the existence of soul outside blood

Poznan, December 1990

Bliscy

Bliscy — to pasma światłoczułe
każde na inne wnętrze
                          myśli
ślad żywego pióra
które leci nad łąką
stojącą po kolana w białej krwi mleczy
Ludzie bliscy
to smuga, promień, lot
to wszystko co uchyla się
gdy próbujemy złapać równowagę
to także to co jest — przed nami
dzięki czemu spadając
do końca nie widzimy
                          próżni

Poznań, grudzień 90 r.

Those Dear to Us

Those dear to us — are photosensitive bands
each for a different interior
                              of thought
a trace of a living feather
soaring over a meadow
which stands knee deep in dandelions' white blood
Those dear to us
are a streak, a ray, a flight
all that which shifts
when we try to regain balance
and also that which is ahead of us
thanks to which while falling
till the end we don't see
                              the void

Poznań, December 1990

Ewa Lipska

Obywatel małego kraju

Obywatel małego kraju
urodzony nierozważnie na skraju Europy
powołany zostaje do rozmyślań o wolności.
Jako rezerwista nigdy się nad tym nie zastanawiał.
Przerywa poranne karmienie wieloryba.
Wertuje słowniki.
Parę razy w życiu
przejeżdżał przez wolność tranzytem.
Czasami zjadał lunch
i wypijał szklaneczkę soku pomarańczowego
Czasami były to stacje
kolejki podziemnej.
Czarne rękawy tuneli.
Wagoniki nad przepaściami.
Zawsze jednak wracał.
Do swojej kolekcji wielorybów.
Do postępowej pralni chemicznej
która odznaczona została właśnie
ekspresowym orderem.
Do wielkich agencji
dementujących ogólną sytuację meteorologiczną
Do przejęzyczeń
zapowiadających wielkie przemiany.
Do swoich osobistych obszarów wolności
po których spacerował
w kamizelce ratunkowej
z przewieszoną przez ramię
apteczką pierwszej pomocy.
Te przestrzenie spotykają go w nocy.
Goni go strach w czarnej męskiej rękawiczce.

Ewa Lipska

The Citizen of a Small Country

The citizen of a small country
born imprudently at Europe's edge
is called upon to meditate on freedom.
As a reservist he never thought much about it.
He interrupts the morning feeding of a whale.
And peruses dictionaries.
A few times in his life
he travelled through freedom in passing.
Sometimes he had lunch
and drank a glass of orange juice
Sometimes this happened in
subway stations.
The black sleeves of tunnels.
Carriages over precipices.
Yet he always returned.
To his collection of whales.
To the progressive dry cleaners
just awarded
an express medal.
To big agencies
disrupting the general meteorological situation
To slips of tongue
foreshadowing great changes.
To his private spheres of freedom
upon which he walked
in a life jacket
with a first aid kit
tossed over his shoulder.
These spheres meet him at night.
Fear in a man's black glove chases him.

W końcu ukazuje mu się zorza polarna.
Zostaje powieszony
przez samego siebie
na placu defilad.
Co wybrał? — zapytuje siebie.
Mniejszą niedorzeczność
czy jeszcze większy problem.

Finally the aurora borealis appears to him.
He is hung
by his own hand
in the parade square.
What has he chosen? — he asks himself.
The lesser absurdity
or a still greater problem.

Instrukcja obsługi

Próbuję uruchomić państwo.
Czytam uważnie instrukcję obsługi.
Obracam naród w lewo.
Obracam naród w prawo.
Ale państwo nie działa.
Naród jest martwy.
Dobieram rewolucje. Powstania. Klucze.
Ustawiam zasadzki dokładnie według opisu
ale państwo nie działa.
Naród jest martwy.
Pobojowiska zarastają trawą.
Rdzewieją teorie.
Zapalają się czerwone światła.
Włączam naród.
Wyłączam naród.
Przyciskam do piersi zbrodnię.
Rozdaję dzieciom
czekoladowe żołnierzyki.
Rakiety z marcepanu.
Ale naród jest martwy.
Wreszcie zgłaszam reklamację.
Sojusznicy sanitariusze
Turkusowe Anioły
wymieniają części zamienne.
Ale naród jest martwy.
Ktoś odsprzedaje język
przygodnym kupcom.
Ktoś inny pada
rażony piorunem
ponieważ działa tylko śmierć
program dziewięćdziesiąty dziewiąty.

Z zajezdni cmentarnej
wyjeżdża tramwaj
z ofiarami rozruchu.
Kontrolerzy jak zawsze
sprawdzają bilety.

Operating Instructions

I'm trying to switch the country on.
I read the instructions carefully.
I turn the nation left.
I turn the nation right.
But the country doesn't work.
The nation is dead.
I pick out revolutions. Uprisings. Keys.
I set traps exactly according to directions
but the country doesn't work.
The nation is dead.
Grass overgrows the battlefields.
Theories grow rusty.
Red lights go on.
I switch the nation on.
I switch the nation off.
I draw crime close to my bosom.
I distribute chocolate soldiers
to the children.
Marzipan missiles.
But the nation is dead.
Finally I lodge a complaint.
The allied nurses
the Turquoise Angels
replace some parts.
But the nation is dead.
Somebody's selling off his language
to accidental merchants.
Someone else falls
struck by a lightning
because only death works
program ninety-nine.

A tramway with victims of an upheaval
drives out
from the cemetery's garage.
Controllers check the tickets
as usual.

Z cyklu: Wielkie awarie (I)

W kraju nastąpiła awaria języka.
Monterzy od wczesnych godzin rannych
usiłowali zatrzymać potoki słów.
Zatopione znaczenia opadały na dno.
Wyrazy traciły szyk.
Mowa zaczęła być zależna
od kilku generałów jednego nieboszczyka
w znaku skorpiona papugi
używanej do przenoszenia haseł
usłużnych językoznawców
nakręcających język na papiloty.
Ufryzowana mowa
ginęła w rwących potokach.
Mówiono o wymianie głosek.
Gwałtownie ustawiano zapory mównic.
Na drzewach rozwieszano megafony.
Zajeżdżały wozy pancerne
z żonglerami słów.
Ale język słabł. Opadał z sił.
Szerzyła się epidemia afazji.
Sens błądził po manowcach
gdzie zaczynały kwitnąć
pierwsze podejrzenia i truskawki.
Manipulanci pracowali na cztery zmiany.
Urywał się wątek.
W gazetach wisiały już tylko
czarne garnitury czcionek.
Z ust wydobywał się bezkształt.
Ginęły szepty i wyznania.
Ktoś próbował się jeszcze zdobyć na odpowiedź
ale zagłuszyły go jaskrawe iluminacje.
Ruszyła ziemia.
Spadały pierwsze pelargonie.
Ulewny deszcz zmywał porzucone aluzje
strzępy słowników i map.

From the Cycle: Great Emergencies (I)

A language emergency fell upon the country.
As of early morning hours repairmen
tried to halt the floods of words.
Drowned meanings sank to the bottom.
Expressions fell out of array.
Speech grew dependent on
several generals one deceased
under the sign of Scorpio a parrot
was employed to carry slogans
of accomodating linguists
rolling language up onto curlers.
The coiffed speech
was perishing in the rapid torrents.
There was talk about exchange of sounds.
Dams of rostrums were set up urgently.
Loudspeakers were hung on trees.
Armored vehicles arrived
and brought jugglers of words.
But language was growing faint. Its strength was dwindling.
The epidemic of aphasia was spreading.
Meaning wandered off to the limits
where first suspicions and strawberries
began to bloom.
Manipulators worked four shifts.
The thread of thought was cut.
In the newspapers black suits of typed letters
were all that was left.
Formlessness issued from mouths.
Whispers and confessions were dying.
Someone was still attempting to answer
but he was drowned out by bright illuminations.
The earth has moved.
The first geraniums were falling.
Torrential rain washed out the abandoned allusions
scraps of dictionaries and maps.

W kilka tygodni później
ocalony
udziela sobie wywiadu:
Teraz trzeba od nowa
najlepiej zacząć od naśladowania ptaków
mówi
z wysiłkiem wydobywając z ust
zgrzytliwy dżwięk znaczeń.

Jeszcze później:
zaczynają padać pierwsze rozkazy
wracają mównice
przybywa coraz więcej
liter alfabetu
ubywa dnia.

A few weeks later
the survivor
interviewed himself:
We have to start all over now
it's best to begin by imitating birds
he said
emitting from his mouth with difficulty
the grating sound of meanings.

Still later:
the first orders are issued
the rostrums reappeared
more and more
letters of the alphabet arrive
the day is growing shorter.

Niedorzeczność

Ten rok bankrutuje szybciej niż przypuszczaliśmy.
Nasza spółka handlowa zwana małżeństwem
jest niewypłacalna. Brakuje nam uczuć.
Ogłaszamy upadłość i wyjeżdżamy nad wodospad
Sutherland
aby ugasić pragnienie. W Auckland
u Richarda H. rozmawiamy o imitacji śmierci.
Zbiegli piraci. Soliści podmiejskiego baletu.
Pianiści w anachronicznych parafrazach.
Odkładamy bagaż podróżny. Pled.
Oswajamy się z ortodoksyjną czernią tenisówek.
Chorzy chłopcy. Niewolnicy kortizonu
trenują w bibliotece milczenie
jak normandzcy trapiści.
Hortensja
wielobarwna parafia kolorów
dekoruje nam niedorzeczność.

Preposterousness

This year is going bankrupt faster than we had expected.
Our joint venture known as marriage
is insolvent. We lack feelings.
We declare bankruptcy and take a trip to the Sutherland
waterfall
To quench our thirst. In Auckland
at Richard H.'s we talk about the imitation of death.
Runaway pirates. Soloists of a suburban ballet.
Pianists in anachronistic paraphrases.
We put away our luggage. Our plaid.
We get used to the orthodox blackness of sneakers.
Sick boys. Slaves of cortisone
practice silence in the library
like Norman Trappists.
Hydrangea
a multicolored parish of hues
decorates for us preposterousness.

Nieprecyzyjny opis samotności

Nie umeblowana pustynia.
Nieskładny skrypt myśli.
Neurotyczny zachód słońca.
Słuchawka wisząca nad przepaścią.

Poza astmatyczną herbatą
nie da się już więcej nic zrobić.

An Imprecise Description of Loneliness

An unfurnished desert.
An awkward script of thoughts.
A neurotic sunset.
A telephone receiver hanging over a precipice.

Other than making an asthmatic tea
Nothing more can be done.

Wybaczcie mi to . . .

Nie odpowiadam na wasze listy telefony.
Porzucam przyjaźnie.

Wybaczcie mi to . . .

Coraz bardziej przywiązuję się do siebie.
Wycofuję się w głąb.

Nie zadziwia mnie naród.
Nie zadziwia mnie tłum.

Zwycięstwa i klęski łączą się w jedno.
Zyski i straty łączą się w jedno.

Na wrzosowiskach podziwiam motyla.
Nocami karmię nietoperze.

Z wierzchołka góry
obserwuję
zachodzącą ostrygę słońca.

Wybaczcie mi to . . .

Forgive Me . . .

I don't answer your letters and calls.
I drop friendships.

Forgive me . . .

I grow more and more attached to myself.
I retreat inward.

The nation doesn't amaze me.
Nor does the crowd.

Victories and defeats blend into one.
Gains and losses blend into one.

I admire the butterfly on the moor.
During the nights I feed bats.

From the top of the mountain
I observe
the setting oyster of the sun.

Forgive me . . .

Luksus

Bez tchu powróciłam do poezji.
Czterolistna koniczynka
rozrosła się w kwadraturę koła.

To luksus
osiągać nowe rekordy słów
kiedy wokół już tylko
czarne ultimatum.

Luxury

Breathless I returned to poetry.
A four leaf clover
grew into a squaring of a circle.

It's a luxury
to achieve new word records
when all around nothing is left
but a black ultimatum.

Ludmiła Marjańska

Po Wielokroć

Czy kiedykolwiek żyłam?
Nie miałam swojego ciała.
To w mojej czaszce utkwiła
tatarska strzała.

To z Różą Geisler razem
rozstrzelano mnie w getcie.
Strącona ze skały w Mauthausen
żyję w ciszy i szepcie.

To moje kości leżą
w nowej krypcie Jana z Czarnolasu.
Jestem podziemiem i wieżą
narastających czasów.

Po wielokroć umarła
dzielę wspólnotę losu
tych, którzy — krzycząc — z gardła
nie mogą dobyć głosu.

Ludmiła Marjańska

Repeatedly

Have I ever lived?
I had no body of my own.
It was into my skull that
the Tartar arrow was blown.

Together with Rose Geisler
I was shot dead in the ghetto.
Pushed down the rock in Mauthausen
I live in whisper and silence.

These are my bones that are lying
in the new crypt of Jan from Czarnolas.*
I am the underground and the tower
of the growing times.

Deceased repeatedly
I share my common lot
with those who — when shouting —
cannot emit a note.

*Reference to the Polish poet Jan Kochanowski (1530 - 1584).
[Translator's note.]

Czarny kamień

Miłości moja trwająca od wieków
jak światłość słońca, jak ciemność północy,
twoje księżyce burzliwym przypływem
wznosiły morza,
aby znieść później na bezludne brzegi
strzęp ludzki.

Miłośći moja
i ty się rozpadłaś
jak atom niegdyś niepodzielny,
rozbita cząstka materii
zdolna świat rozbić.

Miłości, już nie moja,
obca i odległa
jak lodowaty ocean,
martwa jak księżyc odsłonięty oczom
astronautów, odkrywców próżni,
z rozżarzonego kosmosu
unoszących tylko
czarny kamień.

A Black Stone

My love you've existed for ages
like sunlight, like midnight darkness
your moons with their stormy tide
would rise the seas
later to carry to uninhabited shores
a human shred.

My love
you, too, fell apart
like an atom once indivisible
a shattered particle of matter
capable of shattering the world

Oh, Love, no longer mine
alien and distant
like an icy ocean
dead like the moon unveiled to the eyes
of the astronauts, discoverers of the void
who from the blazing cosmos
carry away
only a black stone.

Pętla

A więc już do nich należę,
do tych starych kobiet
pochylonych nad cudzym życiem jak nad zlewem,
w którym szklanki po winie i kubki po mleku
czekają, żeby zmyć z nich lepkość, brud, konieczność.
Nasze starania mają nadać sens
martwym minutom i żółwim godzinom,
latom pędzącym jak stado ogierów.

Ucieczką starych kobiet mroczny chłód kościoła,
gdzie obowiązkiem jest bezruch, milczenie,
i poruszanie wargami w modlitwie,
która ma zbawić od świata, od dzieci,
od sznurów przywiązania zaciśniętych mocno
na kruchej szyi.

The Noose

So I am one of them already,
of the old women
bent over someone else's life like over a sink,
in which dirty wine glasses and milk cups
await to be washed of their stickiness, dirt, necessity.
Our efforts are to give meaning
to the dead minutes and snail paced hours,
to years galloping like a herd of stallions.

The old women's refuge is the dark coolness of the church,
where one must be silent, motionless,
and where lips must move in a prayer,
which is to save from the world, from the children,
from the strings of attachment tied tightly
on the frail neck.

Modlitwa

Boże nieogarnionych przestrzeni,
Boże ziemi zoranej pługiem,
zechciej ludzi w ludzi przemienić,
niech im życie nie będzie zbyt długie.
Nie czyń z nich aniołów, niech wzniośle
nie przemawiają do siebie,
a Ten, który jechał na ośle
niech im pomaga w potrzebie
nie za bardzo, tyle, ile trzeba,
żeby mogli pić świeże mleko
i codziennie mieli kromkę chleba
takiego jak na wsi pieką.

A jeżeli nie można inaczej,
jeśli musi być z wielkiej piekarni,
odejmij im wszelkie rozpacze
i po trudnym życiu przygarnij.

A Prayer

God of unencompassed open spaces,
God of soil plowed in toil,
Please change people into people,
don't make them feel they've lived too long
Don't turn them into angels, don't make them bent
to speak to each other with lofty intent,
and may He who rode a donkey
assist them in their hour of need —
not too much, a little will suffice,
may fresh milk He provide
and of the daily bread a slice
of the kind baked in the countryside.

And if it can't be otherwise,
if from a big bakery the bread must come,
take away all their despair
and embrace them after their hard life.

Osiemdziesięcioletnia pani w wolterowskim fotelu
pani Marii Dadanowej

Rozgościć się w tym życiu.
Rozsiąść się wygodnie
jak w wolterowskim fotelu.
Oparcie jest ważne.
To nie krótka wizyta:
może potrwać nawet
do stu lat.
Każdy w skrytości bywa optymistą.
A więc odkurzać pamięć,
powymiatać z kątów
uschnięte muchy w pajęczynie wspomnień.
Liczyć i ćwiczyć rachunkami umysł,
Żądać od innych. Wymagać. Wymagać.
Oszczędzać siły na to, co nadciąga
z północnym wiatrem.

I koniecznie pomyśleć nad wiosennym płaszczem —
z bukiecikiem fiołków
lub pęczkiem przylaszczek.

Grudzień 1988

An 80 Year Old Woman in a Voltaire Chair
(to Mrs. Maria Dadan)

To feel at home in this life.
To sit comfortably
like in a Voltaire armchair.
The back of the chair is important.
The visit isn't brief:
it might even last
up to a hundred years.
Everyone is secretly an optimist at times.
So keep dusting off your memory,
sweep out from the corners
the dried flies in the cobweb of your recollections.
Count and exercise your mind by adding up.
Exact from others. Demand. Demand.
Save your energy for that which is approaching
with the northern wind.

And definitely think of a spring coat —
with a little bouquet of violets
or a bunch of liverwort.

December 1988

Wyzwolenie

Twarz poczerniała jak ikona,
paznokcie wbite w płótno.
Tu nie ma wczoraj ani jutro.
Jest chwila bólu nieskończona.

Życie to tylko maska z tlenem,
a niewiadome tuż za progiem
targuje się z nieznanym Bogiem
o cenę.

Ile był wart dla Wszechmocnego
człowieczy bieg na krótki dystans?
Czy metą będzie przystań,
czy otchłań gniewu?

Twarz posrebrzona jak ikona.
Już ustał oddech.

Deliverance

A face darkened like an icon,
nails thrust into the linen cloth.
Yesterday and tomorow are absent both.
There is an unending moment of pain.

Life is but an oxygen mask,
and just outside the door the unknown
haggles with an unknown God
for the price.

How much was worth to the Almighty
a man's short distance run?
Will the finish line be an harbor,
or will it be an abyss of wrath?

A face silvered like an icon.
Breathing has stopped.

Krystyna Miłobędzka

* * *

gdyby . . . gdyby z tej wojny został jeden dobry wiersz

* * *

z ran mi zadanych z ran zadawanych, ze strachu, z niezachwianego
rozsądku

z bardzo czystego z niedoczystego z piekieł wybrukowanych, z
powiedzianego i tego czego nie powiedziałam

ze świętego spokoju

nie umiem wolności, nie wiem ile jej potrzebuję

nasza wolność: że się tu przed tobą otwarłam

nie jestem lepsza od innych, gorsza

wciąż ta sama, ubrana w te same włosy oczy, tą samą ręką
przepiszę ci teraz wiersz Achmatowej o smutnych latach
jeżowszczyzny

Krystyna Miłobędzka

*   *   *

if . . . if only one good poem remained from this war

*   *   *

from wounds inflicted on me from wounds being inflicted,
                from fear, from unshaken rationality

from very pure from not-up to-pure from hells paved, from the said
                and from what I have not said

from holy peace

I don't know freedom, don't know how much of it I need

our freedom: that I opened here before you

I'm no better than others, nor worse

always the same, dressed in the same hair eyes, with the same hand
I'll now copy for you a poem by Ahmatova about the sad years of
Stalin's terror.

*   *   *

spowiadam się ze spinek we włosach
z blaszanych guzików

łańcuszka na ręce

metalowego długopisu

żelaznej kraty w głowie

stalowej obręczy ściskającej serce (jak te słowa rdzewieją)
helikoptera w oczach
czołgów we śnie

*   *   *

. . . zapisać siebie ciebie, niebieskie dary z Paryża, margarynę z
ciemnym słonecznikiem wystaną w kościele, zapach ukradkiem
podawanych kartek (zawsze pachną akurat tym proszkiem do
prania który jest w sprzedaży), "moja kochana, kiedyś to się uda"

twarz tego "kiedyś" prawie roześmianą nad naszymi głowami,
piękne usta mówiące złe wiersze

złe wiersze, "przeczytaj, nie zapomnij, podaj dalej"

* * *

I confess to pins in my hair
tin buttons
a chain bracelet
a metal ballpoint pen
iron bars in my head
a steel hoop compressing the heart (how rusty these words
    are getting)
a helicopter in my eyes
tanks in my dreams
more scrap metal I can't recall

* * *

. . . to write down me you, the blue gifts from Paris, margarine
with a dark sunflower obtained after a long wait in the church, the
scent of secretly passed notes (they always smell of the detergent
currently available in stores), "my dear, some day we'll succeed"

the face of the "some day" almost laughing over our heads,
beautiful lips spouting bad poems

bad poems, "read, don't forget, pass on"

* * *

zamordowany dnia 19 października przez Służbę Bezpieczeństwa
i nas wszystkich
byłam wszędzie byłam nigdzie, oślepiają mnie tysiące świec, nie
                                           umiem mówić chórem
i nic więcej do powiedzenia. Mam siebie pełną gadów.

* * *

droga od ciebie do mnie
ode mnie do ciebie
uśmiech nad przepaścią

* * *

to jest ogromne my w którym rodzisz się drugi raz w życiu
tak wygląda
tak oddycha
tak mówi
mówi my, klęczy my, wstaje my, śpiewa my (nie zapomnij tej
                     sierpniowej mszy w zajezdni przy Wejherowskiej)
jesteś my

* * *

Jestem. Współżywa, współczynna, współwinna. Współzielona,
współdrzewna. Współistnieję. Ty jeszcze nie wiesz co to znaczy.
Obdarowana przenikaniem. Znikam jestem. Współtrwam (z
Tobą) w tym szklistym dniu (z tym szklistym dniem w którym
znikam) który znika ze mną tak lekko. Nie wiem co to znaczy.
Współotwarta z oknem, współpłynna z rzeką. Jestem żeby
wiedzieć znikam? Znikam żeby wiedzieć jestem? Cała ale
nigdzie całej nie ma. Współrzelatująca, współniebna. Pół wieku
żyłam po to!

*   *   *

murdered on October19 by the Secret Service
and all of us
I was everywhere nowhere, I'm blinded by thousands of candles, I
                            can't speak as a chorus
and there's nothing more to be said. I have myself full of reptiles.

*   *   *

the road from you to me
from me to you
a smile over an abyss

*   *   *

it is a huge we in which you are born for the second time
that's what it looks like
that's how it breathes
that's how it speaks
it says we, kneels we, rises we, sings we (don't forget the August
                     mass in the city garage on Wejherowska Street)
you are we

*   *   *

I am. Co-living, co-acting, co-guilty. Co-green, co-arboreal. I co-
exist. You don't know yet what that means. I've been bestowed
with permeation. I disappear and appear. I co-last (with you) in
this glassy day (with the glassy day in which I disappear) which
disappears with me so lightly. I don't know what it means. I'm co-
open with the window, co-flowing with the river. Do I exist to
know disappear? Do I disappear to know I exist? Whole but
nowhere to be found whole. Co-flying through, co-heavenly. Half
a century I have lived to see that!

Małgorzata Misiewicz

*   *   *

szczury uciekają z tonącego okrętu
nieznośny upał słońce pali
warto tonąć ażeby pozbyć się szczurów
nieznośny upał słońce doskwiera
napisałam wiersz
szczury uciekają z tonącego okrętu
warto tonąć ażeby pozbyć się szczurów
nieznośny upał skwierczę w słońcu
napisałam wiersz nie słyszysz?
szczury uciekają
czyż nie warto tonąć ażeby pozbyć się szczurów
nieszczęsne dziecko
szczury zjedzą cię
zanim
wypłyniesz w morze

Małgorzata Misiewicz

*   *   *

rats are escaping from a sinking ship
the heat is unbearable the sun is scorching
to get rid of the rats it's well worth sinking
the heat is unbearable the sun is irksome
I wrote a poem
rats are escaping from a sinking ship
to get rid of the rats it's well worth sinking
the heat is unbearable I am scorched by the sun
I wrote a poem can't you hear?
rats are escaping
isn't it worth sinking to get rid of the rats
unfortunate child
the rats will eat you
before
you sail

*   *   *

białe prześcieradło białe ręce
głupia różowa bez sensu
tylko mogę patrzeć —
całkiem ci niepotrzebna

jeśli tego nie powiesz
zostanę tu na zawsze

*   *   *

white sheet white hands
silly pink senseless
I can only look —
I'm totally useless to you

If you won't tell me that
I'll stay here forever

*   *   *

noc czeka zaprzeczenia
ażeby być wyraźniej
przychodzi dzień — uzupełnia noc
noc przez dzień bierze nazwę

ja wezmę nazwę z ciebie
które ze mnie będziesz
maleńkie
a od świata największego wieksze

ważniejsze spraw najwyższych
droższe wszystkich rzeczy
przyjdą i noc i cisza
a ty im zaprzeczysz

*   *   *

the night awaits its negation
to be more distinct
the day comes — complements the night
because of the day the night takes its name

I'll take my name from you
who will be from me
tiny
and yet bigger than the biggest world

more important than the highest causes
more precious than anything
the night and silence will come
and you will negate them

* * *

wolność bez pamiętania
wolność jest stąd — dotąd
wolność na jedną chwilę
na choćby — godzinę wolną od myślenia
i od czegoś jeszcze?
jeszcze od myślenia

wszystkie światy wychodzą w butach na poduszki
kiedy zaczynam myśleć
jak żaba w słoiku zalana śmietaną
czy wiesz o dwóch żabach
w słoiku zalanych śmietaną
druga była bezmyślna
myśląca nie ruszyła łapą
pomyślała — w tym stanie zrobię nic
szkło śliskie
płynu dużo
miejsca mało
druga była bezmyślna
pomyślała nic i przy tym
tłukła sobą śmietanę
aż powstało dzieło — grudka masła
po niej wyskoczyła

nie trzeba myśleć bardzo — tylko trochę
myśleniu nie trzeba wierzyć bardzo
tylko trochę wolno wierzyć myśleniu
pamiętaj
o charakterze śmietany

* * *

freedom without remembering
freedom from here to there
freedom for a moment
well, at least — an hour free from thinking
and from what else?
again from thinking

all the worlds come out shoe clad on the pillows
when I begin to think
like a frog submerged in a jar of cream
do you know about the two frogs
submerged in a jar of cream
the second one was thoughtless
the thinking one didn't move a paw
thought — there's nothing I can do
the glass is slippery
there is a lot of liquid
little room to move
the second one was thoughtless
thought nothing and with her body kept beating the cream
until a creation emerged — a gob of butter
and the frog jumped from it

you mustn't think much — only a little
you mustn't trust thinking much
you can only trust thinking a little
remember
about the properties of cream

*　*　*

poprzez swoją gotowość
jesteśmy niewierni
dalece nie wiadomo
czego nie dosłyszeć
za którym z głosów nie pójść
w gorącym zachwycie
skoro jawisz się Panie
tylko okruchami

*　*　*

przekazujemy sobie tyle
tyle informacji
zapominamy o bólu
zapominamy o bólu
który przychodzi potem

*　*　*

owoc owocuje w śmierci
kwiatu
my też

*　*　*

nie patrz (nawet przez okno)
to boli
zawsze i naprawdę
(ja wiem
— ja też muszę)

*   *   *

because of our readiness
we are unfaithful
one hardly knows
what not to hear
which voice not to follow
we go into ruptures
for you reveal yourself Lord
only crumb by crumb

*   *   *

we exchange so much
so much information
we forget about pain
we forget about pain
which comes later

*   *   *

a fruit matures in the death
of a flower
so do we

*   *   *

don't look (even through the window)
it hurts
always and truly
(I know
— I also have to)

*   *   *

pośrodku naruszonych
są nienaruszeni
oni przyjmują ocean
oni przyjmują pustynię
i wytrzymują
słońce

*   *   *

to co że historia ludzi
zaczyna się od upadku
oni też mieli czas
a także ten straszny rozkaz
aby uprawiać ziemię
i ja go mam?

*   *   *

a ja wiem, że kiedyś
zobaczę po co
i biegnę bez tchu
w tym zamiarze
i uda mi się zatrzymać
świat
w tym ogromnym,
przemożnym hałasie
na okamgnienie ciszy
i to będzie dane jak wszystko
a zobaczę
bo mi pozwolisz

* * *

among the touched
there are the untouched
they accept the ocean
they accept the desert
and abide
the sun

* * *

so what that the history of mankind
starts with a fall
they too had time
and also the terrible command
to cultivate the soil
do I have it too?

* * *

and I do know that some day
I'll see why
and I run breathless
with that intention
and I'll manage to stop
the world
in the enormous
overpowering din
for a blink of silence
and it will be given like everything
and I'll see
because you will let me

Renata Maria Niemierowska

Quincunx

Wszechświat to pusta doniczka
Naczynie ku jasności
Albo
Dziurawa rękawiczka
Dająca palcom mróz wolności

Renata Maria Niemierowska

Quincunx

The universe is an empty flowerpot
A dish toward lucidity
Or
A glove full of holes
Giving the fingers the frost of liberty

Piec

Absurd ogrodem nauk był nam, bóstwo tego wieku,
Imperator żałosnych zysków, tlących się w dwudziestu stuleci
Niewygasłym palenisku. Moc ich krzepnie w tobie, przyszły
Człowieku biegnący naprzeciw . . . Zaprawdę, piołunową
Goryczą podsycana alchemia nasza — nadzieja,
I sroga przemiana.

The Furnace

The absurd has been our garden of knowledge, this century's deity,
The emperor of pitiful gains, smoldering in the unextinguished
hearth of twenty centuries. Their force coagulates in you,
                                                    you future
Human running toward . . . Indeed, our alchemy — hope
Is fanned by wormwood bitterness
And the cruel change.

Solve et coagula

Nie ufaj czasownikom.

Oto kropla wody.

Głosu jej słuchaj w myśli uciszeniu.
Niech piękno nasze poznane będzie
Nie w kunszcie

A w ogołoceniu

Ten sam porządek, co tercyną włada
Zrodził Golema i Jaldabaotha.
To drugie imię Goethe wykłada:

syn chaosu

Solve et Coagula

Don't trust verbs.

Here's a drop of water.

Listen to its voice in the stillness of your thoughts.
May our beauty come to be known
Not in artistry

But in nakedness

The same order that rules a tercet
Gave birth to Golem and Jaldabaoth.
Goethe renders the latter name as:

Son of chaos

Miejsce

Czy drgające włoski przestrzeni
Uśmierza niestrudzona jednoczesność
Rzeczy odległych od nas i bliskich?

Najeżone, czy czują ich błyskawiczne
Przemiany
Czerpiąc z nich życie?

I gdy świat zagląda w nas
Gonitwą chmur, biegiem pająka, kiełkowaniem gwiazdy,
Czy wiedzą o tym?

A może kurczą się, gdy gładzą je nasze myśli
Przeczesując wieki
W poszukiwaniu miejsca zwanego rozumieniem

(Sępolno, 1991)

A Place

Are the vibrating hairs of space
allayed by the tireless simultaneity
of things distant from us and near?

Bristling, do they feel their swift
Transformations
And derive life from them?

And when the world glimpses into us
Through the cloud's chase, the spider's run, the sprouting of a star
Do they know about it?

Perhaps they shrink, when our thoughts stroke them
Combing through centuries
In search of the place called understanding

(Sępolno, 1991)

Czułość

W czarnej glinie istnienia
Ulepił schronienie
Dla nich

By krążąc między wieloma sprzętami
Nie domyślali się, kim są i dlaczego
Przyszło im żyć

I stworzył dobry stół po to,
By nieprzytomne czoło mężczyzny
Mogło odpocząć na poplamionym obrusie

I dał im szeroki tapczan, nad którym
Szorstkie ręce kobiety roztrzepują co wieczór
Stwardniałe od snu poduszki

I towarzyszy im wiernie w drodze
Ze świątyni, aby w glinie poznali,
Ze nie szczędził gliny

(Sępolno, 1991)

Tenderness

In the black clay of existence
He molded shelter for them

So that drifting among many objects
They wouldn't guess who they were and why they
Happened to live

And He created a good table, so that
The man's unconscious forehead
could rest on the stained tablecloth

And He gave them a large sofa bed over which
Every night the woman's rough hands fluff up
The pillows hardened by sleep

And He accompanies them faithfully on their way
From the temple, so they would see in the clay
That He didn't spare clay

(Sępolno, 1991)

Pleroma - III

Wiedziałeś
Drążąc wszystko w czasie

Że nigdy nie zechcę podzielić się na dwie różne części

Teraz musisz godzić się na to
Kim nie — jestem, będąc

Pleroma - III

You knew
Drilling everything in time

That I'd never want to separate into two different parts

Now you have to accept
Who I am — not, being

Pleroma - IV

Pozwól wyrwać się z twojego uścisku
Z ramion, którymi obejmujesz nas
Zachłannie jak dziecko

Pozwól zbiec z twojej milczącej góry
W dolinę
Wypełnioną zgiełkiem myśli

Przechadzać się pod piekielnym niebem
Niepewności
Nazywać twój brak

Wirować
W niewyczerpanym, zmiennym kołysaniu się
Świata

Czerpać z czasu ostów
Szorstkich kamieni
I zbutwiałych liści

Cofać się pod twoim naporem
Nie ulec złudzeniu
Że się wszystko wyjaśni

Pleroma - IV

Allow us to break away from your embrace
From the arms with which you hug us
Greedily like a child

Allow us to descend from your silent mountain
Into the valley
Filled with the clamor of thoughts

To stroll under the infernal sky
Of uncertainty
To name your absence

To whirl
In the inexhaustible, mutable swaying
Of the world

To draw from the times of thistles
Rough stones
And rotten leaves

To pull back from your pressure
Not to succumb to the illusion
That everything will become clear

Joanna Pollakówna

*   *   *

Więc dokąd po tej drabinie bólu,
stromej, zawrotnej drabinie bólu?
Czy w lodowatość bez oddechu,
czy w ul niebieski nieskończony,
po którym krążą ciche pszczoły
nieradosnego uśmiechu?

sierpień 86

Joanna Pollakówna

*   *   *

So where to on this ladder of pain,
the steep, vertiginous ladder of pain?
Is it into iciness without a breath,
or into the infinite heavenly hive
around which buzz about quiet bees
of unjoyous smile?

August 1986

*   *   *

Co potem — nie wiem.
Ale niech nadchodzi.
Jest jednak ulga w gasnącym ognisku;
Gruzełka żużlu w rubinowym błysku
zyska splendor i patos nadmorskich zachodów.

Bywa chwila godności, bezmierna wszechwiedza
owada leżącego bezwładnie na plecach,
kiedy nóżki w trzy krzyże układa na piersi
— niepozorna kołyska przeogromnej śmierci.

sierpień 86.

*   *   *

What next — I don't know.
But let it come.
There's relief in a fire dying out;
a clot of cinders in the ruby glimmer will be
elevated to the splendor and pathos of sunsets by the sea.

There can be a moment of dignity, omniscience unbounded
of an insect helplessly on its back grounded,
when it folds its legs into three crosses on its chest
— a modest cradle of the super enormous death.

August 1986

Starość

Czy w tym opustoszeniu wciąż kochasz nas jeszcze?
Wyzutych z olśnień umysłu,
gdy pamięć
bezładnie ciuła słowa,
obrazy zbutwiałe,
kiedy utyka zdanie z grzbietem przełamanym?
Czy kochasz nas, z urody, wdzięku wywłaszczanych,
tkwiących w zbyt luźnej skórze,
w spopieleniu włosów?
Czy naprawdę do końca kochać jesteś gotów
podkamienną jak robak, zabiedzoną gwiazdę,
światełko dychawicznym blaskiem pulsujące,
miłości obolałe,
rozpacze ziębnące;
tę brzydotę, lichotę, którą krzepkość płocha
zbędzie życzeniem — drwieniem: niech cię Pan Bóg kocha!

sierpień 88

Old Age

Do you still love us in this desolation?
Devoid of intellectual dazzling,
when memory
confusedly scrapes for words,
moldering pictures,
when the sentence with a broken back limps?
Do you love us, expropriated of beauty and charm,
stuck in a skin too loose,
in hair turned ashen?
Are you really prepared to love to the end
the impoverished star creeping under the rock like a worm,
a feeble light pulsating with a short-winded glimmer,
sore loves,
cooling despairs;
the ugliness, the shabbiness which frivolous strength
will dismiss with the wish — mockery: May the Almighty
love you. God bless!

August 1988

Kobieta z mężczyzną

Kobieta z mężczyzną
jeśli się kochali,
złączą się po śmierci
w jednego anioła.
Tak według Swedenborga.
Więc — po niepokojach.
Po szarpaninie rozstań,
czarnym przerażeniu
na myśl o niepowrotnym
wiecznym rozdzieleniu;
ukończony wzajemny
zadyszany pościg.
Wreszcie pogodny spokój,
wielkie uciszenie
bez lęków osobności.
S z c z ę ś c i a osobności.

marzec 89

A Woman and a Man

A woman and a man
if they loved each other,
will be united as one angel
after death.
This according to Swedenborg.
So — our worries are over.
No more trepidations about farewells,
the dark horror
at the thought of the unalterable
eternal separation;
our mutual breathless race
is over.
At last serene peace,
great quietude
without the fear of aloneness.
H a p p i n e s s of aloneness.

March 1989

*   *   *

Znów modlitwa o wiersz.
O co? O znak życia —
mojego? Czy Jakiegoś,
które się przemyca
jasne, ostre jak igła
poprzez siedem skór
codziennej niezdarności,
przez płaskość i pozór,
gdy omackiem błądząca po nocnych manowcach
wypatrzę punkcik światła — swój drżący drogowskaz.

styczeń 90

*   *   *

Again a prayer for a poem.
For what? A sign of life —
mine? Or some Other
which sneaks and winds
clear, sharp as a needle
through seven skins
of everyday clumsiness,
through shallowness and sham,
when blindly wandering through the night dross
I spot a tiny point of light — my quivering signpost.

January 1990

Ciemność

Od lat mówię do Ciebie z ciemności i w ciemność.
Ty milczysz do mnie. Nie chcesz mówić ze mną.
Czy jesteś za mrokiem, za śmiercią, któż wie?
Może tak - bo czemuż uparcie wciąż mówię?
Niebo masz pełne modlitw krzyczących o litość;
tyle zostało po tych, których zabito.
Na wodzie, w powietrzu, z pyłem po ziemi -
te straszne strzępy modlitw, co robisz z nimi?
Przemilczasz. Aż się męka przesila i wchłania
w ciemną miłość Twojego milczenia i trwania.

29 lutego 92.

Darkness

I've been talking to You from darkness and into darkness for years.
You don't want to talk to me. You're silent. You don't converse.
Are You behind the twilight, behind death, who can tell?
Perhaps you are — or why would I talk repeatedly and yell?
Skies filled with prayers screaming for mercy you have;
that much is left after those put to death.
On waters, in the air, mixed with dust on the ground —
what do you do with the horrid shreds of prayers all around?
You keep silent. Till the suffering overflows and is absorbed
                                        without parlance
into the dark love of Your silence and abidance.

February 29, 1992

Helena Raszka

Garbaty Ikar

Rodzi się człowiek z matki Polki
i ojca Polaka
w granicach Ziemi Ojczystej,
którą mu przypisano w chwili poczęcia
na dziedzictwo i posag,
rodzi się od Bugu po Odrę
i od Karpat do Bałtyku,
zależnie od historycznych okoliczności,
w dziejowej łunie pożarów
albo w jutrzence swobody.
Pozornie
wynika tylko z łona kobiety
drogą pragnienia,
rozkoszy
i bólu,
rozdziera błony płodowe,
wolność
zaczyna się odcięciem pępowiny,
zwierzęca wolność istnienia
z ziarnem tajemnicy
ukrytym w głębi ciała,
jego oddech
regulowany prawami chemii organicznej
i pojemnością krzyku
osaczają szczelnym kordonem
słupy graniczne
wbite w żywą plazmę globu,
niczego nie wybiera
brany na ręce,
które go przywłaszczają sobie
i światu,

Helena Raszka

The Hunchbacked Icarus

A man is born of a Polish mother
and a Polish father
within the borders of his Native Land
which was ascribed to him at the moment of conception
as an inheritance and a dowry,
he is born between the Bug and Oder rivers
from the Carpathian Mountains to the Baltic Sea,
depending on historic circumstances,
in the historic blaze of fires
or in the dawn of freedom.
Ostensibly
he emerges from a woman's womb
via desire,
sensual pleasure
and pain,
he rips the fetal membranes,
his freedom
begins from the cutting off of the umbilical cord,
the animalistic freedom of being
with a grain of mystery
hidden in the depths of the body,
his breath
regulated by the laws of organic chemistry
and the scope of his scream
is entrapped by a tight cordon
of border posts
driven into the living plasma of the globe,
he has no choice
picked up by hands
which usurp him for themselves
and the world,

ale już jego karta ewidencyjna
zapełnia się czytelnymi dla innych znakami,
zanim sam się zaznaczy w niej,
zanim wyznaczy sobie własny kształt
i rolę.
Przyszłość narodu,
jej jednostkowy wymiar
posłuszny rośnięciu i dojrzewaniu,
w pierwszym płaczu
zawiązują się w słowotwórcze zarodnie,
myśl
pełza za zmysłami,
sprzeczne zdania
krzyżują się nad nim błyskiem sensu
odnajdywanego w pokorze,
pasowanie giermka na rycerza,
bolesne uderzenie symbolu
o rzeczywistość,
oto już idzie w szeregu,
sztandar dwubarwny nad nim,
na ustach
przysięga wierności do śmierci
lub do złamania.
Poczwarka przerastająca swój bezwolny kształt,
pękająca wzdłuż struny grzbietowej,
jeśli z rany wywiną się skrzydła,
odlot jednodniówki w słońce
będzie miał w sobie patos tragedii
śródziemnomorskiej,
przesączonej w krew nadwiślańskich plemion
razem z krzyżem gotyku
i barokową rozpustą
form
nie uzasadnionych przez konieczną potrzebę.
Pozornie wszystko jest proste,
zastane formuły
czekają na przyjęcie myśli i woli,
zasupłują się naturalne zależności,

but his I.D. card
fills with signs legible to others,
before he himself can mark it,
before he determines his own shape
and role.
The future of the nation,
its individual dimension
compliant with growing and maturing,
in his first cry
begin wordproducing fructifications,
a thought crawls after the senses,
contradictory sentences
cross above him with a glimmer of sense
found in humility,
it's an accolade of a peasant unto knighthood,
a painful collision of the symbol
with reality,
here he is — already marching in a column,
a two-colored flag above him,
an oath of loyalty unto death
or unto undoing
on his lips.
The chrysalis outgrowing its passive shape,
cracking along the string of the spine,
if wings will evolve from the wound,
the flight of the ephemeral butterfly into the sun
will have the pathos of
a mediterranean tragedy,
filtered into the blood of the Vistula tribes
along with the gothic cross
and the baroque debauchery
of forms
not justified by true necessity.
Seemingly everything is simple,
the inherited formulas
await acceptance of thought and will,
natural interdependencies get tangled up,
cordial knots

węzły serdeczne
nie od razu stają się więzami,
brzęk kajdanów
w pamięci pokoleń wycicha,
słowo "okowy"
staje się anachronizmem
współczesnego języka
plączącym bieg fabuły na literackim rozbiegu,
dzieje
dzieją się od tak dawna,
że można było przywyknąć
do bezosobowych rozkazów
przesyłanych ponad głowami
pochylonymi nad płachtą ziemi,
wirującym wiertłem,
nad otwartą książką,
przesypujących się w świadomość szelestem
gazetowych sygnałów.
Rodzi się człowiek z matki Polki
i ojca Polaka
pozornie
podobny do innych,
razem poczęty w krwawej zalążni gatunku
wywyższonego na miarę nie do sprostania,
nie do sięgnięcia czołem.
Zapatrzony w cudze kosmodromy,
pragnieniem
startujący z nich w gwiaździste pejzaże wspólnoty,
iskra ludzkiego nasienia palonego w krematoriach,
żywa pochodnia niepojednania
ze snem,
z letargiem,
z prawem mimikry na co dzień,
garbaty Ikar
dźwigający na przygiętym grzbiecie
swe potencjalne skrzydła

don't become shackles immediately,
the sound of chains
quiets down in the memory of generations,
zwinięte do lotu.
in contemporary language
the word"fetters"
becomes an anachronism
which complicates the plot on the literary runway,
history has been going on
for so long,
that one could have gotten used
to impersonal orders
issued above the heads
which bend over plots of land,
over a rotating drill,
over an open book,
spilling over into consciousness by the rustle
of newspaper signals.
A man is born of a Polish mother
and a Polish father
seemingly
he resembles others
he, too, is conceived in the bloody ovary of the species
elevated to challenges it isn't equal to
nor can it reach with its forehead.
His eyes fixed on foreign cosmodroms,
in his wishful thinking
he takes off from them into the starry landscapes of community,
the spark of the human seed burnt in the crematoria,
a living torch of irreconciliation
with sleep,
with lethargy,
with the law of mimicry every day,
the hunchbacked Icarus
bearing on his bent back
his potential wings
furled for flight.

Sytuacja w języku

Trwa
pospolite ruszenie słów
z posad
codziennej mowy.
Odchodzą na wewnętrzną emigrację
ich niepospolite znaczenia.
Skazane na banicję sensy
wracają okaleczałe.
Czy dadzą się jeszcze lubić
bezrękie kuternogi?
Nie ze snów.
z ni widu, ni słychu
ich uroda.

The State of the Language

The levy of words
from the foundations
of everyday speech
continues.
Their unconventional meanings
go into internal exile.
Meanings condemned to banishment
return maimed.
Can armless cripples
still be liked?
Not of dreams,
nor sights, nor sounds either,
is their beauty.

Tajemnica

To koniec, mój ptaku,
nie ma już przestrzeni,
lot się zagęścił wokół
rany
zadanej światu.

A Secret

That's the end, my bird,
no space left anymore,
the flight has crowded around
a wound
inflicted on the world.

Wstępne zeznania

Zapisać samoświadomość
Zapaść w zaspę blasku,
zaspać
po zenit słońca,
zasypać
tunel poranny przebudzenia
ruiną świtu.
Nagie światło porusza zasłonami,
przezroczyste ptaki łomocą w oczach
o szyby
przerośnięte wodnymi znakami.
Pisać
jak się słowa sypią w zeznaniach mowy,
jak rozsypuje się konstrukcja
kruchej kultury,
jak wlewa się powrót
ziemi w ciało.

Preliminary Depositions

To write down self-awareness
To fall into a snowdrift of glare,
oversleep
until the sun's zenith,
bury
the morning tunnel of awakening
with the ruins of dawn.
The naked light moves the curtains,
in the eyes
translucent birds crush against window panes
overgrown with water marks.
To write
how words disperse in the depositions of speech,
how the structure of frail culture
crumbles,
how earth's comeback
pours itself
into the flesh.

Z uwięzienia

Drogi, drogi
do nawijania
na trampki przepłowiałe,
przeroszone
do szarości.
Ścieżki leśne
przytulanie bezludne,
ciułane na zimę.
Jeszcze miesiąc,
dwa
mrozu, kaszlu, uwięzienia.
Cztery kąty i piec piąty —
liczę na palcach
kraty
mego domu.

From Imprisonment

Roads, roads
to wind around
faded sneakers
soaked with dew
unto greyness.
Forest paths
humanless embraces
saved for the winter.
Another month
or two
of frost, cough, imprisonment.
Four walls and the stove — *
I count on my fingers
the bars
of my home.

* A line from a Polish nursery rhyme. [Translator's note]

Credo

Wierzę w człowieka,
syna wszechrzeczy niemocnego,
burzyciela praw,
jakie mu dano z natury jego
i przypadku
genów
wiodących go coraz dalej
od wody żywota
w żywioł nieskończoności.
Wierzę w jego ciało
śmiertelne w sobie,
pomyślane
jako chwilowa forma bytu.
Wyklęte na zawsze
przed urodzeniem
za sam tylko udział
w ślepej strukturze świata.
Który jest przykładem
celowości materii
dążącej
do swego zaprzeczenia.
Wyznaję w pokorze
przynależność własnego losu
do wspólnoty rodu
zbyt ludzkiego.
Niech światło świadomości
sprzyja
w godzinie mojej śmierci
cudzym oczom.
Wierzę,
niech im świeci
po wiek wieków.

Credo

I believe in the human being,
the unpowerful son of all-things,
wrecker of laws,
bestowed on him by his nature
and the accident
of genes
leading him further and further away
from the waters of his earthly existence
into the element of infinity.
I believe in his flesh
mortal in itself,
conceived
as a momentary form of being.
Cursed for ever
before his birth
for its mere part
in the blind structure of the world.
Which is an example
of the purposefulness of matter
aiming at
its own negation.
I concede in humility
that my fate belongs
to the commonwealth of the
all too human race.
May the light of consciousness
favor
others' eyes
in the hour of my death.
I believe,
may it shine for them
for ever and ever.

Alicja Rybałko

*   *   *

Język polski jest pełen szelestów,
litewski zaś — pełen syków.
Jak żmija na suchych liściach —
dwie hostie na moim języku.

Wiersz o głodzie

Chcę mięsa,
a mam tylko papier.
Chcę ciepłego żywego mięsa.
Mam papier do zawijania
solonych marynowanych mrożonych
słów.
Tylko papier, całe stosy papieru.
Tylko papier.
Chcę mięsa.

Alicja Rybałko

*   *   *

The Polish language is full of rustling sound,
and Lithuanian — full of hissing.
Like a viper on dry leaves —
Two Eucharistic breads I have on my tongue.

A Poem About Hunger

I want meat,
but all I have is paper.
I want warm living meat.
I have paper for wrapping
salty pickled frozen
words.
Only paper, heaps of paper.
Only paper.
I want meat.

Alicja Rybałko

prawie

ten dzień jest prawie jak noc
i boli tak samo

ta chmura jest prawie jak słońce
ani kropli deszczu

to słowo jest prawie jak hałas na dworze
milczy

almost

this day is almost like night
and hurts as much

this cloud is almost like the sun
not a drop of rain

this word is almost like a noise outdoors
it's silent

Modlitwa o owoc zakazany

Jest coś, o co proszę Cię co dzień, o Panie,
i czego mi nigdy nie dasz,
bo jest Ci obce jak prawda co kłamie,
choć warte tyle, co kawałek chleba
na polu pełnym kąkolu i ostu . . .
Ty nie odmawiasz. Ty milczysz po prostu.

A Prayer for the Forbidden Fruit

There's something I pray for each day, oh, Lord
and you'll never grant it,
for it's as alien to you as truth that lies,
yet worth as much as a piece of bread
in a field full of thistle and weed . . .
You never refuse. You simply don't speak.

spotkanie w autobusie

dlaczego się oglądam
za tym śmiesznym facetem
w poplamionym płaszczu
czemu patrzę ze wzruszeniem
na jego prawe ramię
i żyłkę na skroni
po co słucham jak mówi
i milczy
do tamtej pani
nie do mnie

wiesz
on miał Twoje usta

A Meeting on a Bus

Why do I look
at this funny guy
in a stained coat
why do I examine with affection
his right arm
and a little vein on his temples
why do I listen
when he is silent
or speaks
to the other woman
not to me

you know
he had your lips

te kobiety

te kobiety
aż oczy bolą patrzeć
za wysokie na jego nogi
on się ich boi
wiem
nie bój się głupi
zetrzyj z nich ten
puder
pod spodem są takie jak ty
boją się

these women

these women
the eyes hurt to look at them
too grand for him
he fears them
I know
don't be afraid, silly
wipe off them this
powder
underneath they are like you
they are scared

Modlitewka

Mej kruchej łódki w morzu słów
Aniele Stróżu strzeż:
Dziś znów kołyszesz mnie do snu
nie Ty,
a jakiś nudny wiersz.

Pomóż przez jawę jak przez las
zwietrzały nieść dynamit . . .
Przeczyste Słowo,
wybaw nas
i zmiłuj się nad nami.

1987

A Little Prayer

Oh, Guardian Angel please protect
my brittle boat in the sea of words:
Today again I'm rocked to sleep
not by you,
but by a boring verse.

Through reality like through a forest help carry
the vapid dynamite . . .
Oh, Word Most Pure
deliver us
and show us your mercy is might.

1987

Curriculum vitae

Nie grać w tragedii tej, a żyć,
mieszkać i kroić chleb co rano,
nie płatki śniegu nocą śnić,
a kaszę —
manną lub owsianą.

Sponad kojąco jasnych ramp
na widzów patrzeć okiem kosym,
a ku pomocy śpieszyć tam,
gdzie czajnik kipi wniebogłosy.

Żyć w tej tragedii bez uniesień,
aż dnia któregoś znad przepierki
dusza ku niebu się uniesie —
czysta jak zapach mokrej ścierki.

1987

Curriculum Vitae

Not to act in this tragedy, but to live
settle down and slice bread every morning,
not about snow flakes to dream
but about porridge —
farina or oatmeal.

Above soothingly bright footlights
to glance at audiences with a frown,
and to rush to help over there,
where the boiling kettle is loud.

To live in this tragedy without raptures
Till one day above a light wash
the soul will rise toward heaven
clean as the scent of a wet dishcloth.

1987

Jeśli nazwać

Jeśli nazwać was po imieniu —
ciebie, smutku,
i ciebie, radości —
pierzchacie.
Więc i wy boicie się słowa . . .

1987

When Called

When called by name —
you, sorrow
and you, joy —
you flee.
So you, too, are afraid of words . . .

1987

Dagna Ślepowronska

Psu, który szarpał ciało Polinejka
Obcy był patos antycznej tragedii
Chłodny na bogów i królów rozkazy
Pozostał wierny wobec pana głodu
Zwą go niektórzy największym z mocarzy
To on wybłyszczył oczy psa, wciąż szeptał
                    Trwaj
Spójrz na kobietę co przyszła do trupa
Ta może umrzeć, lecz ty, pustka, głusza
Ty musisz dożyć następnego kęsa
Psu, który szarpał ciało Polinejka
Obcy był patos antycznej tragedii
Lecz poznał głodu butę i pokorę
Więc choć to tylko plugawy z plugawych
Ja psem nie gardzę, znajduję psa w sobie

Dagna Ślepowronska

*   *   *

The dog tugging at Polyneices' body
Knew nothing of ancient tragedy's loftiness
Cool toward divine and royal decrees
It remained loyal to one master — hunger
Whom some call the greatest of monarchs
It's he who made the dog's eyes shine, and kept whispering
                    Survive
Look at the woman who came to see the corpse
She may die, but you, in this wilderness alone
You've got to live to take the next bite
The dog tugging at Polyneices' body
Knew nothing of ancient tragedy's loftiness
Yet came to know the arrogance of hunger and the humility
So though the dog is but the foul of the foulest
I do not scorn it, I find the dog in me

* * *

W pudełku po butach
trzymał ojciec
pola
noce jak smoła
trzeci szwadron ułanów
ukrainki śpiewające na głosy
dzwony cerkwi kościoła
szemranie jesziwy
Potem życzliwa ręka zamieniła
pudełko w kufer
a ojciec trochę pobladł
i zaczął nosić krawat
żeby go miała na czym
wodzić rzeczywistość

*   *   *

In the shoe box
father kept
fields
nights dark as tar
the third squadron of cavalry
Ukrainian women singing in harmony
bells of the Catholic and Russian Orthodox churches
mutterings of the yeshiva
Then a well wishing hand replaced
the box with a trunk
and father grew slightly pale
and started wearing a tie
so that reality would have something
to lead him by

Matka Boska Rzeźna

Więc i tu zamieszkałaś
gdzie kury
wyciągają sine nogi
a ludzie
zadziobią.
Zagubiona
we krwi i krzyku
rzekłaś . . .
Nie słyszeli.
Otyła Weronika
— pośród piersi
twarz Pana lśni
złotem i potem —
ciężki rytm nadaje
stalowym tasakiem.
Głodne ręce wiernych
przyjmą ciało wołu.
Wybacz.
Wciąż czekają.
Osusz zapałkę
wdeptaną w podłogę.
Choć tyle nadziei.
Proszę.

Our Lady of the Slaughterhouse

So here too you have settled
where chickens
stretch their blue legs
and pcople
will peck to death.
Lost
in blood and screams
you said . . .
They didn't hear.
Corpulent Veronica
— between her breasts
the Lord's face glistens
with gold and perspiration —
sets the heavy rhythm
with a steel cleaver.
The hungry hands of the believers
accept the body of the ox.
Forgive them.
They are still waiting.
Dry the match
treaded into the floor.
At least that much hope.
Please.

* * *

Pewien mistrz japoński
doszedł do wniosku, że jedyną szansą
na ocalenie ludzkości jest ceremonia
parzenia herbaty.
(To właśnie w niej jest mistrzem).
Na wiadomość o tym wzruszyłam ramionami.
Mistrz nie nalegał. Odszedł.
To mnie właśnie zbliżyło do niego.
Czyżby bowiem był mędrszy od moich
praprzodków, którzy w pocie zbawiali
"barbarzyńskich pogan" i od tych, którzy
później, oślepieni gwiazdą morze krwi
przelali za dusze chrześcijan?
Wsyłucham mistrza, lecz póki go nie ma,
zwracam się do was, o ufni, którzy wpuściliście
go pod swój dach i do dziś zgłębiacie tajne
aromaty. Pozwolicie mi czekać?
Czy przyjdziecie z filiżankami w dłoniach
i będziecie uczyć mnie tak długo, aż kupię
· garśc suszu i czajnik.
Aż na skórze wykwitnie gąszcz ideogramów.
Aż zrozumiem, że ocaleć nie znaczy zbawić
tylko przeżyć.

*   *   *

A certain Japanese master
reached the conclusion that the only chance
to save humanity is the ceremony
of brewing tea.
(He is a master of that very art.)
On hearing that, I shrugged my shoulders.
The master didn't insist. He left.
That drew me closer to him.
Could he be wiser than my
ancestors, who in sweat tried to save
"the barbarian pagans" or those who, later,
blinded by the star, spilled a sea of
blood for Christian souls?
I'll listen to the master, but while he is gone
I turn to you, you who have trusted, who have invited him
under your roof and to this day probe the secret
aromas. Will you let me wait?
Will you come with cups in your hands
and will you teach me patiently until I buy
a fistful of dry leaves and a teapot.
Until a brushwood of ideograms blossoms on my skin.
Until I come to understand that to be saved doesn't mean to save
but to survive.

*   *   *

Pękł płomień — ziarno.
Piołun brzasku.
Iskry wykłuły oczy.
Ciemno.
Jestem Rachelą, jestem Marią.
Każdy kto kiedyś był poczęty
gnieździ się teraz w moim wnętrzu.
Jestem jak ziemia. Jestem pieśnią
o tym jak bardzo boli radość.
Wciąż rodzę. Jestem drogą mleczną.
Wszyscy się moim ciałem karmią
a chwilę potem umierają.
Więc się próbuję scalić w deszczu.
Obmywam łzami każde ciało
by zeschłą trawę rozzielenić.
Brak siły. Jestem tylko tyle
ile mnie nie ma. Nie ma wcale.
Gdy zbiorą mnie jak ziarnka piasku
opowiem im, że Anioł Śmierci
potknął się, złamał białą laskę.

*   *   *

The flame cracked open — a seed.
A wormwood of dawn.
Sparks poked the eyes out.
It's dark.
I am Rachel, I am Mary.
All were who ever conceived
are nestling now within me.
I am like earth. I am a song
about the great pain of joy.
I give birth repeatedly. I am the Milky Way.
My body is eaten by all
and a while later they die.
So I'm trying to consolidate in the rain.
I wash each body with my tears
to make the dry grass grow green.
No strength left. I am only as much as
I'm not. Am not at all.
When they collect me like grains of sand,
I'll tell them that the Angel of Death
stumbled, broke the white cane.

Anna

Już nie jestem kobietą.
Moje łono
jest jak słonecznik
wydziobany przez drozdy.
Duchy dzieci moich
rozpoznaję w historii
      zmyślonej.
Ślub brałam z cieniem.
Pierścionki, pająki, lalki,
pamiątka z Jastarni, Jezus, jeleń.
Przedmioty powoli
zyskują przewagę.
Już nie jestem kobietą.
Patrzcie jak pięknie
znikam
z sercem
jak stylowy zegarek
z minionej epoki.

Anna

I am no longer a woman.
My womb
is like a sunflower
pecked out by thrushes.
I recognize my children's
ghosts in made up
                history.
I married a shadow.
Rings, spiders, dolls,
souvenirs from the Baltic sea, Jesus, a stag.
Objects are gradually gaining
the upper hand.
I am no longer a woman.
Look how beautifully
I disappear
with a heart
like a stylish watch
from a bygone era.

Katarzyna Suchcicka

Haiku

W srebro wtopiony wstydliwie kamyk
W otoczce lśnień ciemny - -
Kobieta.

Biologia się uśmiecha

> "Płciowe zróżnicowania
> charakteru są konstruktem
> społecznym. Ale sztywność
> kategorii różnic płciowych da
> się przełamać [. . .] poprzez
> oddanie sprawiedliwości
> niepowtarzalnym
> uzdolnieniom jednostek".
>
> Margaret Mead

Ach
jakże śmiem
równać się z mężczyzną
Ach jakże
śmiem
nie hamować wzrostu
Ach
jakże śmiem
poniżać go
mierząc ze sobą

348

Katarzyna Suchcicka

Haiku

A stone melted bashfully into silver
Dark in the setting of glitters —
A woman.

Biology is Smiling

> "Gender differentiation of
> character is a cultural
> construct. But the rigidity of
> the category of gender
> differentiation can be
> overcome [. . .] by giving
> justice to the unique talents of
> individuals."
>
> Margaret Mead

Oh
how dare I
equate myself with a man
Oh how
dare I
not halt my growth
Oh
how dare I
humiliate him
by measuring him against
myself

Dwoje

W kadrze przez szybę tramwaju obraz jest niemy
Ładna kobieta trzyma mężczyznę pod rękę
Kobieta otwiera i zamyka usta
Mężczyzna patrzy w świat
Kobieta spogląda na mężczyznę i rusza ustami
Mężczyzna patrzy w świat
Kobieta śmieje się i pokazuje czubek języka
Mężczyzna patrzy w świat
Kobieta poprawia szal otula szyję
Mężczyzna patrzy w świat
Kobieta przestępuje z nogi na nogę
Mężczyzna patrzy w świat
Kobieta pochyla się na lewą stronę mówi
Mężczyzna patrzy w świat potakuje
Kobieta przelewa swój ciężar na rękę mężczyzny
Mężczyzna oddaje swiatu pół spojrzenia
Kobieta opiera głowę na ramieniu mężczyzny
Mężczyzna patrzy na kobietę i uśmiecha się

The Two

Framed by the tramway window the picture is silent
A beautiful woman puts her hand under a man's arm
The woman opens and closes her mouth
The man looks at the world
The woman looks at the man and moves her lips
The man looks at the world
The woman laughs and shows the tip of her tongue
The man looks at the world
The woman fixes the scarf wraps it around the neck
The man looks at the world
The woman shifts from leg to leg
The man looks at the world
The woman leans to the left and speaks
The man looks at the world and nods assent
The woman shifts her weight onto the man's arm
The man gives the world half a glance
The woman rests her head on the man's shoulder
The man looks at the woman and smiles

Wina

mężczyźni są winni
  wdzięku dziewczęcych piersi
  drogich sukien wdziewanych naprędce
  na szczupłą talię
mężczyźni pomocni a odwróceni od
  grubych brzuchów ociężałych piersi
  tułowiów dźwigających pełne płaczu
  siaty
mężczyźni esteci i barbarzyńcy

Guilt

men are guilty of
      the charm of girlish breasts
      expensive dresses put on hastily
      over slender waists
men helpful yet turned away from
      big bellies, heavy breasts
      torsos carrying nets filled with
      wailing
men the aesthetes and the barbarians

Stygmat

Kobieta
z wieczną raną
jątrzącą mężczyzn
co ma wziąć
na uspokojenie siebie i świata
żeby chwilę zwyczajnie
żyć

Bez pamięci o swojej płci

A Stigma

A woman
with the eternal wound
which rankles men
what should she take
to tranquilize herself and the world
so for a while she can simply
live

Without remembering her gender

Wieczna kobiecość

O, moje ciało
które mi sprawiasz niespodzianki!
Dziś jestem silna
Nic nie jest już potężne — wielkie — nieosiągalne
Zwinna kobiecość krząta się we mnie
nad wszelkim spełnieniem

The Eternal Feminine

Oh, my body
which brings me surprises!
Today I am strong
Nothing is powerful — enormous — unattainable anymore
Nimble femininity bustles within me
above all fulfillment

Akt miłosny

To jest miłość
Może
nie ocala od stania
się zwłokami
Ale
przybliża świat
do ciała

Love Making

This is love
Perhaps
it doesn't save from becoming
a corpse
But
it draws the world closer
to the body

Jednak

Ten mężczyzna
gdy niechcący dotykamy opuszkami swoich palców
szukając w książce zagubionej strony
daje mi sygnał
Jest życie
które po najmniejszą tkankę
napełnia rozkoszą

And Yet

This man
when inadvertently we touch each other's fingertips
searching for a lost page in a book
gives me a signal
there's life
which up to the tiniest tissue
fills me up with delight

Sposób istnienia

Nie jest iluminacją dla ludzi
to co piszę
Nie jest nagłym zrozumieniem praw świata
i jego bezprawia
Tylko iskrą elektryzującą
mnie samą
Która
Jednak
prześwituje mi przez skórę
i ludzie ciągną do mnie
jak do światła

A Means of Existence

What I write
doesn't illuminate people
Nor is it a sudden insight into the laws of the world
and its lawlessness
But it is a spark by which I myself
am electrified
and which
nonetheless
shines through my skin
and people are drawn to me
like to light

Adriana Szymańska

Oda do mężczyzny

Patrzę na ciebie
jakbym patrzyła po raz pierwszy
dopiero co wyjęta z ciepłego gniazda twoich żeber
dopiero co wysnuta nagłym błyskiem źrenic
w iskrzące wrzeciono ciała

Patrzę na ciebie
ja pierwsza kobieta świata
ja bogini płodności
ja Wenus z Milo
ja pachnąca winem bachantka
ja Maria Marta Heloiza Julia
ja Marilyn Monroe
ja wielkomiejska prostytutka
ja bezimienna żeńskość wszystkich ras i wcieleń
patrzę na ciebie

Więc to ty
ten triumfalny chrzęst mięśni
ta żądza krwi w kleszczach palców
ta mięsożerna wieża abstrakcji
więc to ty ten gest unoszący mnie do ust jak kielich
                                        tajemnicy
ten smak wszechświata na wargach
ta róża pożądania w skroni
więc to ty ciało mego ciała
ogień mych pożarów
ramię wiszące nade mną jak miecz

Patrzę na ciebie

Adriana Szymańska

Ode to a Man

I look at you
as if I were looking for the first time
just taken out from the warm nest of your ribs
just spun by a sudden twinkle of the eye
into a sparkling spindle of the body

I look at you
I the first woman in the world
I the goddess of fertility
I Venus of Milo
I a bacchante fragrant of wine
I Mary Martha Heloise Julia
I Marilyn Monroe
I a big city prostitute
I the nameless femininity of all races and embodiments
I look at you

So it's you
this triumphant rattle of muscle
this lust for blood in the tongs of fingers
this carnivorous tower of abstraction
so it's you this gesture lifting me to your lips like a chalice
                                                of mystery
this taste of the universe on the lips
this rose of desire in the temples
so it's you flesh of my flesh
fire of my fires
an arm hanging over me like a sword

I look at you

przez wypukłe szkło stuleci
jak gdybym mogła tym spojrzeniem siebie tamtą ocalić
nie tkniętą nawet twoim domysłem
ufną i promienną oczekiwaniem

through the convex prism of centuries
as if by this look I could save that me
untouched even by your conjecture
trusting and radiant with expectation

My

Mówię my
jakby ta liczba podwójna przestała być zwyczajną
                                             kategorią mowy
jakbym nie dość miała kłopotów z własną liczbą
                                             pojedynczą

Mówię my
a przecież to tylko złudzenie że nasze serca biją
                                             jednakowo
temperatura naszych pragnień jest zawsze odmienna
choćby o jeden stopień rozsądku
Mówię my
chociaż błogosławię cudowną architekturę swego mózgu
więżącego moje myśli w czterech szarych ścianach
Mówię my
chociaż nawet wędrując po liniach twoich dłoni
co krok potykam się o nieznane gwiazdy

Tylko czasami
nasze czoła nawiedza ten sam anioł ognia
Tylko czasami
słyszymy przelot światła w tej samej melodii
Tylko czasami
nasz wzrok przeszywa ta sama jaskółka niepokoju

A przecież mogliśmy nigdzie się nie spotkać

We

I say we
as if this plural ceased to be a normal
                              category of speech
as if I didn't have enough problems with my own
                                      singular

I say we
but it's just an illusion that our hearts beat
                            in unison
the temperature of our desires is always dissimilar
at least by one degree of common sense
I say we
although I bless the marvelous architecture of my brain
tying my thoughts in the four grey walls
I say we
although even wandering along the lines on your palms
at every step I stumble upon unknown stars

Only sometimes
our foreheads are visited by the same angel of fire
Only sometimes
we hear the flight of light in the same melody
Only sometimes
our sight is pierced by the same swallow of anxiety

And yet we might have never met

Wyrok

Ojcu

Już tyle lat bez ciebie. Z tym dzieckiem pod skórą.
Z tą płochą dziewczynką wypatrującą ciebie
we wszystkich mijanych twarzach.

A twoje żywe serce wciąż bije mi w piersi.
A twoje oczy takie jasne, że nie wyblakły w moich oczach.
A twoje usta zmartwychwstają w każdym moim uśmiechu.
Tylko już nikt mnie tak nie kocha,
by płakać z mojej nieczułości.
Tylko już nikt mnie tak nie nosi,
bym pozostała wyniesiona.
I nikt, jak ty, nie darzy śmiechem,
by nie poranić drugim słowem.

Jak wyrok siebie dźwigam.
Tę płochość w sobie. Ten wieczny głód święta,
które umarło przecież razem z tobą,
chociaż świat nadal uwodzi mnie tamtym niebem,
zapachem tamtego tataraku, kwitnieniem tamtych łąk.
Całym tym dzieciństwem tkliwym jak cierń
w znoszonym łachu życia.

Ach, kto tak czysto woła mnie po imieniu,
że lekka jak powietrze biegnę na spotkanie.
Nie, to nie ty.
To znowu moje marzenie migoczące na czyichś wargach.
Ktoś, kogo pożądam przez jeden krótki błysk
oślepiającej tęsknoty.

A Sentence

To my father

It's been so many years without you. With this child under
my skin.
With this timid girl looking for you
in all the faces passed by.

And your living heart still beats in my bosom.
And your bright eyes haven't paled in mine.
And your lips rise from the dead in each of my smiles.
Except nobody loves me so much anymore
to cry about my lack of affection.
Except nobody carries me anymore
so that I remain elevated.
And nobody offers me laughter, as you did,
so as not to hurt me with another word.

I drag myself like a sentence.
The timidity within me. The constant hunger for a holiday,
which indeed died along with you,
although the world still seduces me with that sky,
with the scent of that sweet flag and those meadows in bloom.
With all this childhood as tender as a thorn
in a worn-out rag of life.

Ah, who so purely calls me by my name
that light as air I run to meet him.
No, it's not you.
Again it's my fancy flickering on somebody's lips.
Somebody whom I desire for one brief flash
of blinding yearning.

Przepis na co dzień

Przez okno mojej celi
celuje we mnie przepaść ośmiu pięter
Jest śmiertelna
Może nawet bardziej niż cały ten kosmiczny bluff
O północy
zdyscyplinowany wszechświat głosem koguta obwieszcza
niezmienny porządek
Podręczny wartownik maszeruje przepisowo tam
i z powrotem wzdłuż linii frontu
Przepisowy sen toczy serca przepisowych ofiar
Czyjaś tylko występna tęsknota za wolnością
tłucze się o ściany kołując nad głowami
uśpionych
Mogłabym właściwie zdobyć się na to
i przebijając szybę całą sobą mignąć jak gwiazda
w znużonych oczach żołnierza
Ale tego mi wzbrania regulamin miłości
supłający tuż obok oddechy mężczyzny i dziecka
przywiązujący do moich kolan stóp do moich rąk
stosy niezbędnych czynności do moich myśli
niezbędny strach

Ale tego mi wzbrania oko horyzontu
unoszące właśnie powiekę znad sinej źrenicy

Przepisowo zaciągam zasłonę na przepaść okna

Prescription for Everyday

Through the window in my cell
an eight floor precipice aims at me
It's deadly
Perhaps even more so than this whole cosmic bluff
At midnight
the disciplined universe announces with a rooster's voice
the immutable order
a handy guard marches according to the rules back
and forth along the front line
A prescribed dream rolls the hearts of prescribed victims
Yet someone's preliminary yearning for freedom
bumps along the walls soaring over the heads
of those sleeping
I could actually bring myself to do it
and crashing through the window with my whole body shoot
     like a star
in the soldiers' tired eyes
But the rules of love forbid me to do so
knotting right next to me the breath of a man and a child
tying to my knees to my hands
piles of necessary activities to my thoughts
the necessary fear

But the eye of the horizon forbids me to do so
raising just now the eyelid from above the blue pupil

As prescribed I draw the curtain hiding the window precipice

Moja córka i Franz Kafka

Moja córka krzyczy: — Nie wierzę w t e g o Boga!
Nie wierzę w żadnego Boga! —
I ucieka w płacz nad "Zamkiem" Kafki.
Moja córka ma osiemnaście lat i zdumiewa mnie
swoją skończoną kobiecością.
Ale kiedy jak szkarłatną chustką
macha mi przed oczami tą hałaśliwą niewiarą
jest nadal małą dziewczynką z palcem w ustach.
Cóż mogę jej powiedzieć, Boże?
Że myli się, że przecież jesteś
daleki i nierychliwy, a może bliski i miłosierny?
Że cały ten wielki wspaniały świat pomiędzy nią
a Tobą to tylko kruche zadymione szkiełko?
Bo ona wierzy w Kafkę wędrując wieczorami
po labiryncie jego wyobraźni.
Myślę, że przed zaśnięciem rozmawia sekretnie z K.
podpowiadając mu sposoby dotarcia do Prawdy.
Więc nic nie mówię, tylko patrzę w jej zapłakane oczy
jak w pełne zielonego światła wnętrze akwarium.

Moja mała dorosła córka
tańczy rano przed lustrem w mini-sukience,
a uśmiechnięty Kafka przygląda jej się z póki na książki.
I nagle —
odzywa się do niej swoim głębokim czarującym basem:
— Wiesz? Musimy to sprawdzić. Jestem prawie pewien,
że On tam jest. Za ostatnimi drzwiami lustra.

My Daughter and Franz Kafka

My daughter yells: — I don't believe in t h i s God!
I don't believe in any God! —
And she escapes into crying over Kafka's *Castle*.
My daughter is eighteen and amazes me
with her consumate femininity.
But when she waves her noisy disbelief before my eyes
like a scarlet scarf,
she is still a little girl sucking on her thumb.
What can I tell her, God?
That she is mistaken, that you do *exist*
distant and not-too-quick, and maybe close and merciful?
That this whole wonderful world between her
and You is merely a brittle piece of opaque glass?
For she believes in Kafka as she wanders in the evenings
through the labyrinths of his imagination.
I think that before falling asleep she secretly talks to K.
prompting to him ways to arrive at Truth.
So I say nothing, I just look into her tearful eyes
like into the interior of an aquarium filled with green light.

My little grown up daughter
dances in the morning in a mini-dress,
and smiling Kafka looks at her from the bookshelf,
And suddenly —
he speaks to her in his charming deep basso:
— You know, we must look into it. I'm almost certain
that He exists. Behind the last door of the mirror.

Wisława Szymborska

Koniec i początek

Po każdej wojnie
ktoś musi posprzątać.
Jaki taki porządek
sam się przecież nie zrobi.

Ktoś musi zepchnąć gruzy
na pobocza dróg,
żeby mogły przejechać
wozy pełne trupów.

Ktoś musi grzęznąć
w szlamie i popiele,
sprężynach kanap,
drzazgach szkła
i krwawych szmatach.

Ktoś musi przywlec belkę
do podparcia ściany,
ktoś oszklić okno
i osadzić drzwi na zawiasach.

Fotogeniczne to nie jest
i wymaga lat.
Wszystkie kamery wyjechały już
na inną wojnę.

Mosty trzeba z powrotem
i dworce na nowo.
W strzępach będą rękawy
od zakasywania.

Wisława Szymborska

The End and the Beginning

After each war
someone must clean up.
Because even tentative order
won't get restored by itself.

Someone must push the rubble
to the roadsides
so that wagons filled with corpses
can get through.

Someone must wade
in sludge and ashes,
springs of sofas,
splinters of glass
and gory rags.

Someone must drag a beam
to support a wall,
someone must replace a window pane
and put the door on its hinges.

This is not photogenic
and it takes years.
All cameras have already left
to cover another war.

Bridges have to be built again
and railway stations anew.
The sleeves will be in tatters
from being rolled up.

Ktoś z miotłą w rękach
wspomina jeszcze jak było.
Ktoś słucha

przytakując nie urwaną głową.
Ale już w ich pobliżu
zaczną kręcić się tacy,
których to będzie nudzić.

Ktoś czasem jeszcze
wykopie spod krzaka
przeżarte rdzą argumenty
i poprzenosi je na stos odpadków.

Ci, co wiedzieli
o co tutaj szło,
muszą ustąpić miejsca tym,
co wiedzą mało.
I mniej niż mało.
I wreszcie tyle co nic.

W trawie, która porosła
przyczyny i skutki,
musi ktoś sobie leżeć
z kłosem w zębach
i gapić się na chmury.

Someone with a broom in hand
still recalls how it was.
Someone listens

nodding agreement with an untorn head.
But already near them
some will hang around
who will find it boring.

someone will still occasionally
dig up from under a bush
arguments corroded by rust
and will transfer them to a garbage heap.

Those who knew
what it was all about
have to make room for those
who know little.
And even less than little.
And finally as much as nothing.

In the grass that has overgrown
causes and effects,
someone with an ear of wheat between teeth
must be resting
and gazing upon clouds.

380 Wisława Szymborska

Tortury

Nic się nie zmieniło.
Ciało jest bolesne,
jeść musi i oddychać powietrzem i spać,
ma cienką skórę a tuż pod nią krew,
ma spory zasób zębów i paznokci,
kości jego łamliwe, stawy rozciągliwe.
W torturach jest to wszystko brane pod uwagę.

Nic się nie zmieniło.
Ciało drży jak drżało,
przed założeniem Rzymu i po założeniu,
w dwudziestym wieku przed i po Chrystusie.
Tortury są jak były, zmalała tylko ziemia
i cokolwiek się dzieje, to tak jak za ścianą.

Nic się nie zmieniło.
Przybyło tylko ludzi,
obok starych przewinień zjawiły się nowe,
rzeczywiste, wmówione, chwilowe i żadne,
ale krzyk, jakim ciało za nie odpowiada
był, jest i zawsze będzie krzykiem niewinności
podług odwiecznej skali i tonacji.

Nic się nie zmieniło.
Chyba tylko maniery, ceremonie, tańce.
Ruch rąk osłaniających głowę pozostał jednak ten sam:
ciało się wije, szarpie i wyrywa,
ścięte z nóg pada, podkurcza kolana,
sinieje, puchnie, ślini się i broczy.

Nic się nie zmieniło.
Poza biegiem granic,
linią lasów, wybrzeży, pustyń i lodowców.
Wśród tych pejzaży dusza się przechadza,
znika, powraca, zbliża się, oddala,

Tortures

Nothing has changed.
The body feels pain,
must eat and breathe air and sleep,
has a thin skin and blood just underneath it,
has a hefty supply of teeth and fingernails,
its bones are brittle, its joints extendable.
In tortures all this is taken into account.

Nothing has changed.
The body shivers as it used to
before Rome was founded and since,
in the twentieth century before and after Christ.
Tortures are here as they used to, only the earth grew smaller
and whatever happens seems to happen next door.

Nothing has changed.
Only the population has grown,
beside old transgressions, new ones have appeared,
real, imaginary, temporary, none,
but the scream was, is, and will always be the scream of innocence
according to an eternal scale and tonality.

Nothing has changed.
Perhaps only manners, ceremonies, dances.
The movement of hands shielding the head remains the same:
the body contorts, jerks and wrenches away,
stricken off its feet, it falls, gathers up knees,
gets bruised, swollen, slobbers and bleeds.

Nothing has changed.
Except for frontiers,
border lines of forests, coasts, deserts and glaciers.
Among these landscapes the soul keeps strolling,
disappears, returns, draws near, goes away,

elusive, a stranger to itself,
sama dla siebie obca, nieuchwytna,
raz pewna, raz niepewna swojego istnienia —
podczas gdy ciało jest i jest i jest

i nie ma się gdzie podziać.
now certain, now uncertain of its existence —
while the body is and is and is
and has no place to go.

Może to wszystko

Może to wszystko
dzieje się w laboratorium?
Pod jedną lampą w dzień
i milliardami w nocy?

Może jesteśmy pokolenia próbne?
Przesypywani z naczynia w naczynie,
potrząsani w retortach,
obserwowani czymś więcej niż okiem,
każdy z osobna
brany na koniec w szczypczyki?

Może inaczej:
żadnych interwencji?
Zmiany zachodzą same
zgodnie z planem?
Igła wykresu rysuje pomału
przewidziane zygzaki?

Może jak dotąd nic w nas ciekawego?
Monitory kontrolne włączane są rzadko?
Tylko gdy wojna i to raczej duża,
niektóre wzloty ponad grudkę Ziemi,
czy pokaźne wędrówki z punktu A do B?

Może przeciwnie:
gustują tam wyłącznie w epizodach?
Oto mała dziewczynka na wielkim ekranie
przyszywa sobie guzik do rękawa.

Czujniki pogwizdują,
personel się zbiega.
Ach cóż to za istotka
z bijącym w środku serduszkiem!
Jaka wdzięczna powaga

Perhaps This Is All

Pehaps this is all
happening in a lab?
Under one lamp at daytime
and billions of them at night?

Perhaps we are experimental generations?
Transferred from vial to vial,
shaken in a beaker,
observed with more than an eye,
each one separately
picked up by tiny pincers at the end?

Perhaps differently:
are there no interventions?
Are changes occurring by themselves
according to a plan?
Is the needle slowly marking
the expected zigzags on the chart?

Perhaps there's nothing interesting about us so far?
Maybe the monitors are seldom switched on?
Perhaps only during wars and rather major ones
is there an upward turn above the lump of Earth,
or a substantial movement from point A to B?

Perhaps the opposite is happening:
do they favor only episodes out there?
Here's a little girl on an enormous screen
sewing a button onto her sleeve.

The gauges beep,
the personnel comes running.
Oh, what a cute creature
with a little beating heart!
What charming solemnity

w przewlekaniu nitki!
Ktoś woła w uniesieniu:
Zawiadomić Szefa,
niech przyjdzie i sam popatrzy!

in threading a needle!
Somebody shouts enraptured:
Notify the Boss,
let him come and see for himself!

Miłość szczęśliwa

Miłość szczęśliwa. Czy to jest normalne,
czy to poważne, czy to pożyteczne —
co świat ma z dwojga ludzi,
którzy nie widzą świata?

Wywyższeni ku sobie bez żadnej zasługi,
pierwsi lepsi z miliona, ale przekonani,
że tak stać się musiało — w nagrodę za co? za nic;
światło pada znikąd —
dlaczego właśnie na tych, a nie innych?
Czy to obraża sprawiedliwość? Tak.
Czy narusza troskliwie piętrzone zasady,
strąca ze szczytu morał? Narusza i strąca.

Spójrzcie na tych szczęśliwych:
gdyby się chociaż maskowali trochę,
udawali zgnębienie krzepiąc tym przyjaciół!
Słuchajcie, jak się śmieją — obraźliwie.
Jakim językiem mówią — zrozumiałym na pozór.
A te ich ceremonie, ceregiele,
wymyślne obowiązki względem siebie —
wygląda to na zmowę za plecami ludzkości!
Trudno nawet przewidzieć do czego by doszło,
gdyby ich przykład dał się naśladować.

Na co liczyć by mogły religie, poezje,
o czym by pamiętano, czego zaniechano,
kto by chciał zostać w kręgu.
Miłość szczęśliwa. Czy to jest konieczne?
Takt i rozsądek każą milczeć o niej
jak o skandalu z wysokich sfer życia.
Wspaniałe dziatki rodzą się bez jej pomocy.
Przenigdy nie zdołałaby zaludnić ziemi,
zdarza się przecież rzadko.

A Happy Love

A happy love. Is that normal,
is that serious, is that useful —
what good are two people to the world,
who do not see the world?

Glorified for each other without any merit,
run of the mill, yet convinced
that it was meant to be — as a reward for what? for nothing;
the light falls from nowhere —
why upon them, and not others?
Does that offend justice? Yes.
Does it violate carefully piled up principles,
hurl the moral off the top? It does violate and hurl.

Look at those happy ones:
if they would at least dissemble a bit,
pretend depression to cheer their friends up!
Listen how they laugh — it's an insult.
What language do they speak — seemingly understandable?
And their ceremonies, their fussing,
their elaborate duties toward each other —
it looks like a conspiracy behind humanity's back!
It's hard to imagine what would come to pass,
if their example could be emulated.

What could religions, poetry count on,
what would be remembered, what ignored,
who would want to stay in the circle?
A happy love. Is it necessary?
Tact and common sense bid one to be silent about it
as one would about a scandal from the higher spheres of Life.
Wonderful kids are born without its help.
Never ever would it manage to populate the earth,
for it happens rarely.

Niech ludzie nie znający miłości szczęśliwej
twierdzą, że nigdzie nie ma miłości szczęśliwej

Z tą wiarą lżej im będzie i żyć, i umierać.

Let people unfamiliar with happy love
claim that happy love is nowhere to be found.

This belief will make it easier for them to live, and die.

Portret kobiecy

Musi być do wyboru.
Zmieniać się, żeby tylko nic się nie zmieniło.
To łatwe, niemożliwe, trudne, warte próby.
Oczy ma, jeśli trzeba, raz modre, raz szare,
czarne, wesołe, bez powodu pełne łez.
Śpi z nim jak pierwsza z brzegu, jedyna na świecie.
Urodzi mu czworo dzieci, żadnych dzieci, jedno.
Naiwna, ale najlepiej doradzi.
Słaba, ale udźwignie.
Nie ma głowy na karku, to będzie ją miała.
Czyta Jaspersa i pisma kobiece.
Nie wie, po co ta śrubka i zbuduje most.
Młoda, jak zwykle młoda, ciągle jeszcze młoda.
Trzyma w rękach wróbelka ze złamanym skrzydłem,
własne pieniądze na podróż daleką i długą,
tasak do mięsa, kompres i kieliszek czystej.
Dokąd tak biegnie, czy nie jest zmęczona.
Ależ nie, tylko trochę, bardzo, nic nie szkodzi.
Albo go kocha, albo się uparła.
Na dobre, na niedobre i na litość boską.

Portrait of a Woman

She must offer choices.
Keep changing, so nothing would change.
That's easy, impossible, hard, worth a try.
Her eyes are, if necessary, now blue, now grey,
black, cheerful, for no reason filled with tears.
She sleeps with him like a random date, like the one and only in
the world.
She'll bear him four children, no children, one.
Naive, yet she will offer best advice.
Weak, but she'll carry burdens.
Has no head on her shoulders, but will have.
Reads Jaspers and ladies' journals.
Doesn't know what this screw is for, yet will build a bridge.
Young, as usual young, and still young.
Holds in her hand a sparrow with a broken wing,
her own money for a long and distant trip,
a meat-cleaver, a compress and a hard drink.
Where is she running? Isn't she tired?
Oh, no, just a little, very much, never mind.
Either she loves him, or she is resolved to.
For better, for worse and for heaven's sake.

Kot w pustym mieszkaniu

Umrzeć — tego nie robi się kotu.
Bo co ma począć kot
w pustym mieszkaniu.
Wdrapywać się na ściany.
Ocierać między meblami.
Nic niby tu nie zmienione,
a jednak pozamieniane.
Niby nie przesunięte,
a jednak porozsuwane.
I wieczorami lampa już nie świeci.

Słychać kroki na schodach,
ale to nie te.
Ręka, co kładzie rybę na talerzyk,
także nie ta, co kładła.

Coś się tu nie zaczyna
w swojej zwykłej porze.
Coś się tu nie odbywa
jak powinno.
Ktoś tutaj był i był,
a potem nagle zniknął
i uporczywie go nie ma.

Do wszystkich szaf się zajrzało.
Przez półki przebiegło.
Wcisnęło się pod dywan i sprawdziło.
Nawet złamało zakaz
i rozrzuciło papiery.
Co więcej jest do zrobienia.
Spać i czekać.

Niech no on tylko wróci,
niech no się pokaże.
Już on się dowie,

A Cat in an Empty Apartment

To die — you don't do that to a cat.
How is a cat to cope
in an empty apartment?
To climb the walls?
To rub against furniture?
Nothing seems to be changed here,
and yet it is changed.
As if nothing's been moved,
and yet things've been moved around.
And in the evenings the lamp is no longer on.

Steps can be heard on the stairs,
but they aren't the ones.
The hand which puts the fish on the plate
also isn't the one that used to do it.

Something doesn't begin here
at its usual time.
Something isn't happening
as it should.
Someone was and was here
and then suddenly disappeared
and is stubbornly gone.

All the closets have been peeked in.
All the shelves dashed on.
The underside of the carpet has been checked out.
Even a rule has been broken
and papers have been scattered about.
What else is there to do?
To sleep and wait.

Let him just come back,
let him just show up.
He'll find out

że tak z kotem nie można.
Będzie się szło w jego stronę
jakby się wcale nie chciało,
pomalutku,
na bardzo obrażonych łapach.
I żadnych skoków pisków na początek.

that you don't do that to a cat.
He'll be approached reluctantly,
slowly,
on deeply offended paws.
And no jumping or squealing to begin with.

Niektórzy lubią poezję

Niektórzy —
czyli nie wszyscy.
Nawet nie większość wszystkich ale mniejszość.
Nie licząc szkół, gdzie się musi,
i samych poetów,
będzie tych osób chyba dwie na tysiąc.

Lubią —
ale lubi się także rosół z makaronem,
lubi się komplementy i kolor niebieski,
lubi się stary szalik,
lubi się stawiać na swoim,
lubi się głaskać psa.

Poezję —
tylko co to takiego poezja.
Niejedna chwiejna odpowiedź
na to pytanie już padła.
A ja nie wiem i nie wiem i trzymam się tego
jak zbawiennej poręczy.

Some Like Poetry

Some —
thus not all. Not even the majority of all but the minorit
Not counting schools, where one has to,
and the poets themselves,
there might be two people per thousand.

Like —
but one also likes chicken soup with noodles,
one likes compliments and the color blue,
one likes an old scarf,
one likes having an upper hand,
one likes stroking a dog.

Poetry —
but what is poetry.
Many shaky answers
have been given to this question.
But I don't know and don't know and hold on to it
like to a sustaining railing.

Agata Tuszyńska

i n a c z e j

i jest jak było
place sprzątnięto
psy uciszono
bramy zamknięto
za oknami
rynnami
w przeszłość
spływa świat

i jest jak było
słowa uśpiono
drzewa podcięto
wody spiętrzono
między łzami
drogami
w przeszłość
spływa świat

i jest jak było
pod sztandarami
pod pomnikami
i nad dołami
za gwiazdami
nocami
w przeszłość
spływa świat

1981

Agata Tuszyńska

Differently

and things are as they were
squares have been swept
dogs silenced
gates closed
behind windows
gutters
the world drifts
into the past

and things are as they were
words have been put to sleep
trees have been cut
waters banked
among tears
roads
the world drifts
into the past

and things are as they were
under banners
under monuments
and over potholes
behind stars
during nights
the world drifts
into the past

1981

List do Grigorija Kanowicza

pisze pan że wspomnienia
nie zmieściłyby się w kilku
tysiącach garnków jakie
wypalił Mendel Szwarc garncarz
i znawca talmudu

nie mam wspomnień
uczę się na kirkutach
alfabetu kamieni

żydów widziałam raz w muzeum
na wystawie
jedli cebulę
jakby nigdy nie mieli
poznać smaku popiołu

gwarno tam było
jak w niebie
w dzień targowy
handlowali snami
i uchem od śledzia
babka Daniela rozmawiała z Bogiem
jak ze starym znajomym
ktoś zamienił się w ptaka
żeby ocalić skrzydła

kroili chałkę i spodnie
rwali pierze i włosy z głowy
reperowali buty i świat

pod tym samym słońcem
zółtą łatą na pocerowanym suknie

pisze pan że śmierć to święto
koniec pracy

A Letter to Grigory Kanowicz

You write that your memories
wouldn't fit in several
thousand pots fired
by Mendel Schwartz the potter
and Talmudic scholar

I have no memories
I'm studying the alphabet of stones
at cemeteries

I saw Jews once in a museum
in an exhibit
they were eating onions
as if they were never
to know the taste of ashes

there was a bustle
like in heaven
on a market day
they were trading in dreams
and ears of herring
Daniel's grandmother was chatting with God
like with an old friend
someone turned into a bird
to save his wings

they were cutting challah and pants
they were plucking feathers and hair
from their heads
they were mending shoes and the world

under the same sun
a yellow patch on a darned cloth

you write that death is a holiday
the end of toil

śmierć to sobota która nigdy
się nie kończy

nie płacz po nas mówią
nie płacz w święto
to zabronione
przez prawo
rabinackie

death is a Sabbath that never
ends

don't cry for us they say
don't cry on a holiday
it's forbidden
by rabbinic
law

W wagonie

stara zakonnica
opiera się o mnie
zwichniętym
czarnym skrzydłem

przyrosła do pleców
pergaminowym policzkiem
modlitwy

wysiadam z garbem
anioła stróża

z duszą
na ramieniu

On a Train

an old nun
leans against me
with her dislocated
black wing

she grew unto my back
with a parchment cheek
of a prayer

I get off with
a guardian angel's
hunchback

with my soul
on my sleeve

ogłoszenia drobne

czasem kiedy ze smutkiem
jak kura się noszę
kiedy świece we łzach toną
czytam rubrykę drobnych ogłoszeń
też słoną

oddam: nadmiar tęsknoty
tiule iluzje
bezdomne koty

sprzedam: sny prześnione
trochę zużyte
mało zniszczone
hurt
tanio

zamienię: dni bez ciebie
na noce z tobą
cena nie gra roli

kupię: sens (jeżeli żona/mąż na to pozwoli)

nauczę szaleć - dyplomowana czarownica

kurs życia przyspieszony
zapisy bez matury
długie terminy
czas nieograniczony

naprawy: cerowanie duszy
pod schodami
co drugą niedzielę wieczór
nie wchodzić ze zmartwieniami

Classified Ads

Sometimes when heavy with sorrow
I swagger like a hen
when candles in tears flitter
I read the section of classified ads
also bitter

FOR FREE: excessive longing
tulle illusions
homeless cats

FOR SALE: dreams dreamed
little used
practically new
wholesale
cheap

WILL SWAP: days without you
for nights with you
money is no object

WANTED: some sense (if the wife/husband will allow)

WILL TEACH madness — a licensed witch

CRASH COURSE in living
no high school diploma required
long term
unlimited time

REPAIRS: mending souls
under the stairs
every other Sunday night
don't come in with your woes

zgubiono: n a d z i e j ę
w kawiarni na rozdrożu
nagroda

uczciwego znalazcę
skradzionego pocałunku
proszę o wiadomość
zgoda?

dawno stracone złudzenia
do oddania w dobre ręce
bez wynagrodzenia

odrobinę czułości — bezterminowo
powierzę panu/pani
na słowo

wynajmę
puste niebo
dwojgu bez nałogów
w zamian za opiekę nad wspomnieniem

najchętniej bardzo młodym
na skrzydłach
konieczne referencje z poręczeniem

przyjmę — do pielęgnacji siwego anioła
który odsłużył milion prawd
bez wychodnego
wymagana umiejętność
podlewania gwiazd

wszystkie skarby tego świata
fortepian małego fiata
za wiadomość o nim

1986

LOST: h o p e
in a cafe at the crossroads
reward offered

Will the honest finder
of a stolen kiss
please notify me
OK?

Long lost illusions
will place in good hands
no reward

A bit of tenderness — no expiration date
will entrust to a man or a woman
on his/her word

FOR RENT:
an empty sky
to a twosome without bad habits
in exchange for custody of my memories

preferably a very young twosome
on wings
references absolutely required

HELP WANTED: to take care of a greyhaired angel
who has served a million truths
no days off
ability to water the stars
a must

WILL EXCHANGE: all the treasures of this world
a piano a subcompact fiat
for news about him

1986

Zakaz

nie płacz
rozkazał wiatr
wierzbie płaczącej

Pytanie

jakie są brzozy
pod bandażami
skóry

* * *

— weź wszystko
— to za mało

próba ucieczki

wiem, jesteś wyspą
ale ja jestem morzem

* * *

palę mosty
żeby wracać
na skrzydłach

trzeci brzeg

jeszcze jestem widoczna
poznaję cię po zapachu deszczu

ocalenie

w twoich ramionach
w schronie bez klamek

Prohibition

don't weep
the wind ordered
the weeping willow

Question

What are the birches like
under the bandages
of their bark

*   *   *

— take it all
— it's too little

Attempt at an Escape

I know you are an island
but I am the sea

*   *   *

I am burning bridges
to return
on my wings

The Third Shore

I am still visible
I recognize you by the smell of rain

Salvation

in your arms
in a shelter without doorknobs

Wiara

zielone liście
rwane prosto z krzyża

! ! !

zegar tłucze się
w żebrach ścian

wzdycha szafa
ciężarna sukniami

list dusi się
w ciasnej kopercie

Faith

green leaves
torn straight from the cross

!!!

the clock rattles
in the ribs of its walls

the closet sighs
pregnant with dresses

the letter suffocates
in a tight envelope

Zofia Zarębianka

*   *   *

My, którzy zapomnieliśmy już
ludzkiej mowy
szczekamy na siebie w różnych
językach
szczerzymy kły w uśmiechach
z formaliny
zaciskamy pazury
nie oszczędzamy nikogo
zabijamy ludzkie szczenięta
pozwalamy zanikać głosowi
który mówi
że kiedyś byliśmy
ludźmi

1983

Zofia Zarębianka

* * *

We, who have already forgotten
human speech
bark at each other in various
tongues
we bare our fangs in formaldehyde
smiles
clench our claws
spare no one
kill human puppies
permit the fading of the voice
which tells us
that once we were
human

1983

* * *

Jak oswoić tę
przyszłość
czarnym łbem
wyglądającą spoza
filara
chwili nienadeszłych?
— Zawiesić nad nią
cienką firankę
nadziei?

4.01.1983

* * *

Nie, nie wystarcza mi
świadomość
że mnie Pan Bóg kocha
potrzebuję ludzi
ich dobroci i troski
ich uśmiechu i spojrzeń
ich słów i milczenia
aby w to uwierzyć.

* * *

Czasem wystarcza
obecność
jedno spojrzenie
szczery uśmiech
aby odnaleźć
zagubiony w obojętności
sens świata.

6.05.1984

*   *   *

How can one tame this
future
peeking with its black head
from behind a
pillar
of unarrived
moments?
Should one hang over it
a thin curtain
of hope?

January 4, 1983

*   *   *

No, I'm not satisfied with
the realization
that God loves me
I need people
their kindness and care
their smiles and glances
their words and their silence
to believe it

*   *   *

Sometimes just presence
is enough
one look
a sincere smile
to find
the memory of the world
lost in indifference

May 6, 1984

Prośba

Miękką łaską
jak flanelową ściereczką
zetrzyj
z twarzy zakurzonej
troskę
Niech na nowo błyszczy
młodością

24.11.1984

A Plea

With soft grace
like with a flannel rag
wipe off
the worry
from the dusty face
May it shine anew
with youth

November 24, 1984

* * *

Kwiaty na stole
Frezje żółtoczerwone
Lampa
Fotografia Miłosza
Stół zarzucony książkami
bałagan
Koc ciepły szary
Rzeczywistość oswojona
krucha
wobec naporu
Rozpaczy

kwiecień 1986

* * *

Mamie

O zachodzie słońca
mocniej pachnie macierzanka
intensywniej istnieje świat
gdy kres dosięga horyzontu
O zachodzie życia
milkną ptaki wokół werandy
i czerwienieje wino
staje się Cisza
a w kącikach oczu zbierają się
łzy.

Rabka, 24.07.1991

*   *   *

Flowers on the table
yellowish-red fraesias
A lamp
A photograph of Miosz
A table strewn with books
a mess
A warm gray blanket
Domesticated reality
frail
against the pressure of
Despair

April 1986

*   *   *

For my mother

At sunset
wild thyme is more fragrant
and the world exists more intensely
when the edge reaches the horizon
At the sunset of life
birds grow silent around the veranda
wine turns deep red
Silence falls
and tears gather in the corners
of eyes.

Rabka, July 24, 1991

*   *   *

Czarny kret
zwątpienia
drąży od środka
długie korytarze
rozpaczy

*   *   *

> Ojcu
> Mieczysławowi Bednarzowi

A dzisiaj obudzisz mnie
na swój pogrzeb
i krew w drugą stronę
popłynie

> 4 marzec 1993

*   *   *

W ciszę przezroczystą jak słońce
przystające w przedwieczorną godzinę
nad wzgórzami
wypłakać żal nieważny
nad sobą

> Paryż, 15.07.1993

*   *   *

The black mole
of doubt
hollows out from within
the long corridors
of despair

*   *   *

                    For my father
                    Mieczyslaw Bednarz

And today you'll wake me up
to your funeral
and blood will flow
the other way

            March 4, 1993

*   *   *

Into the silence translucent like the sun
which halts over the hills
in the pre-evening hour
I'd like to cry the unimportant sorrow
over myself

            Paris, July 15, 1993

*   *   *

Jakże ja z ciężkim bagażem
siebie
stanę przed Tobą, Panie
skoro wszystko zepsute
i nadgniłe
a w rękach pełno
niedokonanego dobra?

* * *

How can I stand before you, Lord
with the heavy cargo
of myself,
when everything is ruined
and rotten
and the hands are full
of undone good?

BIOGRAPHICAL NOTES ON THE POETS

BADURA, ZOFIA

Born in 1954 in Opole. Graduated from Wrocław University with a degree in Polish Literature and Art History. Author of the following volumes of poetry: *Zabawa dopiero się zaczyna* (Wrocław, 1981), *Zimne powietrze* (Kraków, 1982), *Wszystko będzie darowane* (Wrocław, 1984), *Ostatnie rzędy nie słyszą* (1985). Badura teaches Polish language and literature in an elementary school in Wrocław.

BENKA, URSZULA

Born on December 31, 1955 in Wrocław. Studied psychology and Polish literature at Wrocław University. Her literary debut occurred in 1975 in the journal *Odra*. Published widely in various literary magazines. Her volumes of poetry include: *Chronomea* (1977), *Dziwna rozkosz* (1978), *Nic* (1984), *Perwersyjne dziewczynki* (1984), and *Ta mała tabu* (1991). She is also an essayist and translator of French literature. Benka received the Stanisław Grochowiak medal for her book *Chronomea*. After living abroad for a few years (in France and the United States), she returned to Poland and completed work on her Ph.D. Currently she resides in Katowice, where, together with her husband, she runs a theater.

BIGOSZEWSKA, MARIA

Born September 30, 1951 in Gniezno. Graduated from the Film Academy in Łódź. Print and radio journalist as well as screen writer and literary critic. Her literary debut dates back to 1976. Published four books: three collections of poetry (*Prawa i lewa strona świata*,

1979; *Zmowa*, 1991; *Ciało niepewne*, 1994) and a collection of short stories titled *Gołąb* (Pigeon), 1983. In 1992, Polish Publishers' Association declared her volume *Zmowa* (Collusion) one of the two best books of poetry for 1990 - 92. *Ciało niepewne* (Body Uncertain), another volume of her poetry, was awarded the 1993 Promotion of Culture Foundation prize. She resides in Warsaw.

BOCIAN, MARIANNA

Born in 1942 in Belczac (the Lublin voivodship). While employed as a technician in a mill, in 1962 she undertook studies at Wrocław University, studying simultaneously philosophy and Polish literature. 1962 also marked her literary debut. Bocian is a prolific writer. She has published several prose works, numerous articles and reviews, as well as eleven volumes of poetry. Among the more recent ones are: *Odczucie i realność* (1983), *Gnoma* (1986, 1992), *Spojenie* (1988), *Stan stworzenia* (1989), and *Z czasu jedni* (1990). She also has to her credit several individual exhibits of "concrete poetry". Some of her writing, particularly during the period of martial law, was published under various pen names. Currently, she is an editor and reviewer of popularscientific texts in the journal *Nowator*. Bocian resides in Wrocław.

BRANDYS, BARBARA

Born January 11, 1931 in Kłobuck. Has a college degree in Agricultural Engineering. Resides in Cracow. Literary debut in 1991. Two years later published a poetry volume titled *I Wished to Remain* (Zapragnęłam pozostać). In 1994 her volume *Gałązki snu* (Branches of Dream) appeared. Member of Poets' Society (Konfraternia Poetów) as well as Young Authors' Circle at the Cracow chapter of the Polish Writers' Association.

BRODA, MARZENA

Born in Kraków in the winter of 1966. Her literary debut occurred in 1985. Published poetry in various literary journals (*Zeszyty Literackie*, *Odra*, *Więź*, *Tygodnik Powszechny*, the Paris *Kultura*, et al.). Her first volume of poetry titled *Swiatło przestrzeni* (The Light of Space) appeared in 1990 (Wydawnictwo Literackie, Kraków) to rave reviews and was awarded the prestigious Kazimiera Illakowiczówna prize for the best poetic debut of that year. Broda's second collection of poems, *Cudzoziemszczyzna* (Foreignness) was published in 1996 by the publishing house "a5" (Ryszard Krynicki, editor). Since 1991 Broda has resided in the U.S.A. Her poetry has been translated into English, Swedish and German. It has been anthologized in Polish, British, U.S. (e.g., Donald Pirie, trans. and ed., *Young Poets of a New Poland*, London and Lincoln Centre, MA, 1993) and German editions.

CHRÓŚCIELEWSKA, DOROTA

Born in Lódź in 1948; graduated with a Master's Degree in Polish literature from Łódź University. Obtained her Ph.D. in 1976. Author of several volumes of poetry: *Epitalamia* (1968), *Portret dziewczyny z różą* (1972), *Zamykam oczy: czerń* (1976), *A moja ręka jest od rózy* (1982), *Górą, doliną* (1983), *Noc polarna: Wybór wierszy* (1987), *Morze martwe* (1992). She also wrote two novels, *Ci wielcy artyści mego pokolenia* (1982) and *Wino o smaku niezapomnianym* (1986) and stories for children. Some of the latter she co-authored with her husband, Mirosław Kuzniak, and her mother, Honorata Chróścielewska. Translator of Russian, Byelorussian, Ukrainian, and Macedonian literature into Polish. Resides in Łódź. She is the laureate of several nationwide poetry competitions in Poland (e.g., the Łódź Poetry Festival, the Warsaw Nike, The Red Rose, the Łódź Poetic Spring).

CZEKANOWICZ, ANNA

Born in 1952 in Sopot. Graduated from Gdańsk University. Literary debut in 1974. Has worked as Literary Director of the Gdańsk Opera Theater from 1978. Resides in Gdańsk. Author of several collections of poetry: *Ktoś kogo nie ma* (Someone Who's Not There, 1976), *Więzienie jest tylko we mnie* (The Prison Is Only Within Me, 1978), *Pełni róż obłędu* (Full of Rose Madness, 1980) co-authored with Zbigniew Joachimiak, *Najszczersze kłamstwo* (The Most Sincere Lie, 1984), *Śmierć w powietrzu* (Death in Air, 1991).

FRAJLICH, ANNA

Born March 10, 1942 in Kirghizia, where her mother escaped after the Nazi attack on Lvov. After World War II, her family returned to Poland and settled in Szczecin. Poetic debut in 1958 in the Polish supplement to Folks Sztyme (a Yiddish language newspaper published in Warsaw) and in *Głos Szczeciński*. Graduated from Warsaw University with an M.A. in Polish Literature. In 1969, emigrated from Poland with her husband and son, and came to the United States. Defended her Ph.D. dissertation in the Slavic Department of New York University in 1990. Her poetry, reviews, articles and critiques have been published in various journals in Poland and abroad. To date, the following volumes of her poetry have appeared: *Aby wiatr namalować* (To Paint the Wind, 1976), *Tylko ziemia* (Only the Earth, 1979), *Indian Summer* (1982), *Który las* (Which Forest, 1986), *Drzewo za oknem* (A Tree Outside My Window, 1991), *Ogrodem i ogrodzeniem* (Across the Garden and the Fence, 1994), and *Jeszcze w drodze*, (Still En Route, 1994). The last two were published in Poland, where she returned after 25 years to promote her books. In 1991, a bilingual (Polish-English) edition of Frajlich's select poetry in Regina Grol-Prokopczyk's translation appeared in the United States under the title *Between Dawn and the Wind* (Host Publications, Inc.). Frajlich teaches Polish language and literature at Columbia University in New York City. She is the recipient of the 1981 Koscielski Foundation of Switzerland literary prize and was elected to the Board of Directors of the PEN Club Center for Writers in Exile.

32

HARTWIG, JULIA

Born in 1921 in Lublin. Poet, essayist, translator. The volume of poetry *Pożegnania* (Farewells, 1956) marked her literary debut. Her subsequent books included *Wolne rece* (Free Hands), *Dwoistość* (Duality), *Czuwanie* (Vigilance), *Chwila postoju* (A Moment of Rest), *Obcowanie* (Communion, 1987), *Czułość* (Tenderness, 1992) and two editions of select poetry (1981, 1982). She is the author of *Apollinaire*, a literary monograph which has been translated into several languages; of another monograph, *Gerard de Nerval*; and of *Dziennik amerykański* (American Diary) published in Poland, following her extended stay in the United States. Hartwig is an accomplished translator of French poetry (Guillaume Appolinaire, Blaise Cendrars, Max Jacob, Henri Michaux, Pierre Reverdy). With her husband, Artur Miedzyrzecki, she also co-edited *Antologia poezji amerykańskiej* (An Anthology of American Poetry), which includes many of her translations. She resides in Warsaw. Julia Hartwig was the Vice President of the Polish Writers Association and is the recipient of the Alfred Jurzykowski literary award, the Thornton Wilder Prize, and of the Georg Trakl Poetry Prize bestowed on her in Austria.

HILLAR, MAŁGORZATA

Born July 19, 1930. Died in June of 1995. Studied law and philosophy at Warsaw University. Her literary debut in the journal *Nowa Kultura* dates back to 1955. The first volume of Hillar's poetry (*Gliniany dzbanek*) appeared in 1957 and received the Association of Polish Bookseller's Award in 1958. Her subsequent volumes were: *Prośba do macierzanki* (1959), *Kropla słońca* (1961), *Czekanie na Dawida* (1967), *Źródło* (1985). In 1995 a posthumously published volume of her select poetry appeared with her introduction. She was the recipient of numerous literary prizes, awards at poetry festivals, and one of the most popular women poets in Poland. She was also a translator of Russian literature.

JANKO, ANNA

Born in 1957 in Rybnik. Graduated with an M.A. in Polish Literature from Gdańsk University. Author of several poetic volumes: *List do królika doświadczalnego* (Gdańsk 1977); *Wykluwa się staruszka* (Gdańsk 1979); *Diabłu świeca* (Gdańsk 1980); *Koronki na rany* (Gdańsk 1988). Her play entitled *Rzeź lalek* was staged at the Contemporary Theater in Szczecin. She co-edited and contributed to several anthologies of poetry. Janko currently resides in Wrocław.

KAPUŚCIŃSKA, SALOMEA

Born in Warsaw in 1942. Graduated from Wrocław University. Holds an M.A. in Art History (1962). A very prolific writer, book reviewer and painter. Has had her plays produced by professional theaters. Has worked as a curator in a museum, an educator, an interior decorator for Polish T.V., and director of a library. Her paintings have been exhibited in Poland and abroad. An avid sportswoman (horseback riding, swimming, yoga, skiing). She published eleven volumes of poetry for which she received the medal of "Builder of Wrocław" (Order Budowniczego Wrocławia). Most of her poems in this anthology are from her volume *Czuwanie* (1981). Regular contributor to the Catholic paper "Nowe Życie". A mass written by her was sung in many churches in Poland. Received a diploma signed by Pope John Paul II for the words to the mass. Likewise, Archbishop Macharski bestowed on her a special certificate of recognition for her sacred songs. Received early retirement for 35 years of contributions to Polish literature and culture. Resides in Wrocław.

KOZIOŁ, URSZULA

Born June 20, 1931 near Biłgoraj in Eastern Poland. Studied Polish literature at Wrocław University. Poetic debut in 1953 in a Wrocław newspaper. Author of novels, collections of short stories, plays, a huge body of journalistic writing, as well as ten volumes of poetry. Her most recent poetry collections are: *Żalnik* (A Litany of

Complaints, 1989) and a bilingual (Polish-English) edition in Regina Grol-Prokopczyk's translation published in the United States (Host Publications, Inc., 1989). Kozioł has been awarded the Koscielski Foundation of Switzerland literary prize, and several prestigious Polish literary prizes (e.g., the Władysław Broniewski Prize, the Literary Prize of the City of Wrocław, Polish Ministry of Culture Literary Prize). Kozioł has had a long and distinguished career as an editor of the literary section of the journal *Odra*. She resides in Wrocław.

KUŚ, MIROSŁAWA

Born in 1948 in Gorlice. Graduated from the Jagellonian University in Cracow with a degree in physics. Resides, works and raises her son in Cracow. Her literary debut was in the journal *Odra* in 1976. She also published poetry in other prestigious journals (*Twórczość*, *Poezja*, *Miesięcznik Literacki*, et al.). Her first volume of poetry, *Gdzieś jest ta oaza* was published by Wydawnictwo Literackie in Cracow in 1981. Another volume, *Natura daje mi tajemne znaki*, appeared in Warsaw in 1988. Her poems and humorous sketches were also broadcast on the Polish Radio.

LARS, KRYSTYNA

Born in 1950 in Ełk. Graduated from Gdańsk University with a degree in Polish. Her literary debut was a volume titled *Ja, Gustaw* (Wydawnictwo morskie, Gdańsk, 1981). Subsequently she published two more books of poetry: *Chirurgia mistyczna* (Pomorze, Bydgoszcz, 1985) and *Kraina pamiątek* (Wyd. Morskie, Gdańsk, 1991). She is the editor of a literary bi-weekly *Potop* (Deluge) in Warsaw as well as the editor-in-chief of an artistic literary quarterly *Tytuł* (Title) appearing in Gdańsk. In addition, she hosts a radio program in Gdańsk, where she lives with her husband and children.

LATAWIEC, BOGUSŁAWA

Born on September 25, 1939 in Wołomin near Warsaw. Resides in

Poznań. Published the following volumes of poetry: *Otwierają sie rzeki* (The Rivers Open Up, 1965), *Całe drzewo zdania* (A Whole Tree of A Sentence, 1970), *Przestrzenie* (Spaces, 1975), *Z żywych jeszcze źrenic* (From Pupils Still Alive, 1981), *Powidok* (Retained View, 1992), as well as several prose works, e.g., a collection of short stories *Pusta szkoła* (An Empty School, 1987), and a novel *Ciemnia* (A Dark Place, 1989). She has published poetry in such journals as *Tworczość*, *Kultura niezależna*, and *Zeszyty Literackie*. Latawiec is the editor-in-chief of a cultural monthly titled "Arkusz" (a supplement to *Głos Wielkopolski*) published in Poznań. The Polish PEN Club bestowed on her the 1993 Literary Prize for poetry.

LIPSKA, EWA

Born 1945 in Cracow. Studied at the Cracow Academy of Fine Arts. Author of many books (volumes of poetry, plays, short stories). Her select poetry has been translated (and published in book editions) into German, English, Danish, Dutch, Czech, and Hungarian. Between 1970 and 1980, she was the editor of the poetry department at the publishing house Wydawnictwo Literackie. She spent 1975 - 1976 as a scholarship recipient at the International Writing Program at the University of Iowa. In the years 1981 - 1983 she co-edited the literary journal "Pismo". In 1983 she was in Berlin, West Germany invited by DAAD (des Kunstlerprogramms des Deutschen Akademischen Austauschdienstes). Widely travelled.

Literary awards: 1973: Koscielski Foundation
1979: Robert Graves (PEN Club) Prize
1990: Polcul (Independent Foundation to Support Polish Culture)
1993: PEN Club Prize for the totality of her work
1993: Alfred Jurzykowski Foundation Award (New York).

Currently, first secretary of the Polish Embassy in Vienna and Vice-President of the Polish Institute in Austria.

8

8

MARJAŃSKA, LUDMIŁA

Born on December 26, 1923 in Częstochowa. Graduated from the English Department of Warsaw University. Writes mainly poetry, but also novels and stories for children. Translator of English and American poetry. Author of the following volumes of poetry: *Chmurne okna, Gorąca gwiazda, Rzeki, Druga podróż, W koronie drzewa, Blizna, Wąwozy*, and *Zamrożone światło*. Also authored several novels (*Powrócić do miłości, Stopa trzeciej gracji, Pierwsze śniegi, pierwsze wiosny*, and *Życie na własność*). Held the post of the President of the Polish Writers' Association. Resides in Warsaw.

MIŁOBĘDZKA, KRYSTYNA

Born in 1932 in Margonin near Poznań. Began her studies of Polish literature at Poznań University, but graduated from Wrocław University. She holds a Ph.D. in the Humanities. In addition to her several volumes of poetry (*Pokrewne* (1970), *Dom, pokarmy* (1975), *Wykaz treści* (1984), *Pamiętam* (1992)), she is the author of several plays for children, which have been published and frequently staged, and a scholarly book titled *Teatr Jana Dormana* (1990). Profesionally affiliated with a theater. In 1992, she was awarded the Barbara Sadowska Foundation prize for her volume of poetry titled *Pamiętam: Zapisy stanu wojennego* (I Remember: Notes on the Times of Martial Law). She is married. Has one son — Wojciech. Resides in Wrocław.

MISIEWICZ, MAŁGORZATA

Born in Cracow on November 18, 1951. Studied architecture at the Cracow Polytechnic Institute. Published her first volume of poetry *Listy do ognia* (Letters to Fire) in 1989. Her second volume, *List podwójny jak ja* (A Double Letter Like Me) appeared in 1992. Mother of two sons, whom she considers most important in her life. Resides in Cracow.

NIEMIEROWSKA, RENATA MARIA

Her literary debut dates back to 1980 (June issue of *Odra*). Published her own poems as well as her translations in various journals (*Tematy*, *Droga*, *Odra*). Author of three poetic volumes: *Jasna jawność* and *Nic się nie dzieje w czasie* (both published in Wrocław, 1990) and *Brodaty serafin* (Warsaw, 1992). Resides in Wrocław.

POLLAKÓWNA, JOANNA

Born in Warsaw. Graduated from Warsaw University with a degree in Art History. In 1970 obtained a doctoral degree from the Institute of Art of the Polish Academy of Arts and Sciences. Her poetic debut was in the journal *Nowa Kultura* in 1957. Published several scholarly books on art and art history, as well as eight volumes of poetry. The most recent ones are: *Rodzaj głodu* (1986) and *Dziecko-drzewo* (1992). She is also a translator of poetry and the1976 recipient of the Koscielski Foundation of Switzerland literary prize. Pollakówna is affiliated with the Institute of Contemporary Art of the Polish Academy of Sciences. She resides in Warsaw.

RASZKA, HELENA

Born January 24, 1930 in Bydgoszcz. Graduated from Wrocław University with a degree in Polish literature. Literary debut in 1956. Published the following volumes of poetry: *Okruchy bursztynu* (1959), *Inny kraj* (1962), *Bliżej dna* (1965), *Portret zdziwiony sobą*, (1966), *Liczba pojedyncza* (1970), and *Liczba mnoga* (1982). Dedicated her last volume to the stockyard workers of Gdańsk. Recipient of several Polish literary awards. Resides in Szczecin.

RYBAŁKO, ALICJA

Born in Vilnius, Lithuania in1960. Graduated from the Vilnius University with a degree in Biological Sciences and currently works at the Center of Human Genetics in Vilnius. Her poetry written in

438

Polish has appeared both in Poland and in the Polish press in Lithuania. So far, she has published the following volumes of poetry: *Wilno, ojczyzno moja* (Warsaw, 1990), *Opuszczam ten czas* (Warsaw, 1991), and *Listy z Arki Noego* (Vilnius, 1991). Rybałko is the recipient of the American Copernican Foundation in Poland award, the Barbara Sadowska prize, as well as the Juliusz Słowacki collective award bestowed on the Vilnius poetic group.

ŚLEPOWROŃSKA, DAGNA

Published poetry in a number of journals (e.g., *Akcent, Magazyn Literacki, Opinia*). In 1989 published a volume titled *Wiersze* and in 1991 a long poem titled "A". Substantial fragments of the latter were used in the musical show "House Music" by Barbara Dziekan and Sławomir Kulpowicz. Her poems and songs were broadcast on Polish Radio. She also writes fairy tales for children. Some of them have been published in the children's magazine *Świerszczyk* (The Cricket). Resides in Warsaw.

SUCHCICKA, KATARZYNA

Graduated from the Polish Literature Department at Warsaw University. Published three volumes of poetry: *Nie powstrzymana mięśniem, szybuję* (MAW, 1986) which was awarded a prize in the competition "The Ascending Generation " (Pokolenie, które wstępuje) for a poetic debut; *Sycenie* (Kalambur, 1987); and *Niebieska pończocha* (Wydawnictwo Literackie, 1993). A radio and TV journalist focussing primarily on literary matters, she has also published poetry, reviews and essays in such journals as *Tworczość, Radar, Solidarność*, et al. In the United States, her poetry appeared in the *Touchstone* magazine and has been included in the *Over the Rainbow* anthology (Michigan, 1990) and *Dan River Anthology* (Maine, 1990). She is also an honorary member of the New Hampshire Poetic Society. Resides in Warsaw.

SZYMAŃSKA, ADRIANA

Born in 1948 in Toruń. Published several volumes of poetry. Among them: *Nieba codziennosci* (1969), *Imię ludzkie* (1974), *Monolog wewnętrzny* (1975), *Do krwi* (1977), *To pierwsze* (1979), *Nagła wieczność* (1984), and a volume of select poetry in 1987. She is also the author of several prose works for children, as well as a collection of short stories and a novel (*Taja z Jaśminowej*, 1988). Also, Szymańska is a literary critic and a translator of French-Canadian, Russian, Roumanian and Serbo-Croatian literature. Resides in Warsaw.

SZYMBORSKA, WISŁAWA

Born in 1923 in Bnin, near Kórnik, in the Poznań region. Moved as a child to Zakopane. Since 1931 has resided in Cracow. Studied Sociology and Polish Literature at the Jagellonian University. Poet, essayist, translator. Editor of *Życie Literackie* and more recently contributor to *Gazeta Wyborcza*. Her literary debut dates back to 1945 when she published the poem "Szukam słowa" (I Am Looking for a Word) in *Dziennik Polski*. Author of the following collections of poetry: *Dlatego żyjemy* (That's Why We Live, 1952), *Pytania zadawane sobie* (Questions Posed to Oneself, 1954), *Wołanie do Yeti* (Calling Yeti, 1957), *Sól* (Salt, 1962), *Sto pociech* (A Hundred Consolations, 1967), *Wszelki wypadek* (Any Case, 1972), *Wielka Liczba* (A Great Number, 1967), *Tarcjusz i inne wiersze* (Tarcius and Other Poems, 1976), *Ludzie na moście* (People on the Bridge, 1986), *Koniec i początek* (The End and the Beginning, 1993). *Sounds, Feelings, Thoughts: Seventy Poems by Wislawa Szymborska*, trans. by Magnus J. Krynski and Robert A. Maguire was published by Princeton University Press in 1981. Stanislaw Barańczak and Clare Clavanagh included some of her poetry in *Spoiling the Cannibals' Fun: Polish Poetry of the Last Two Decades of Communist Rule*, (Northwestern University Press, 1991) and published a separate volume of her poetry titled *View With a Grain of Sand* (Harcourt Brace, 1995). Her volume *People on the Bridge* has been published by Forest Books, a British publisher. Recepient of numerous prizes, including the Herder Prize, the Polish PEN Club's poetry award and the Nobel Prize for Literature (1996).

TUSZYŃSKA, AGATA

Born in 1960. Graduated from Warsaw Academy of Drama and Theatrical Arts in 1983. Received her Ph.D. in Humanities at the Institute of Arts of the Polish Academy of Sciences. In 1990, Tuszyńska published two non-fiction books which became bestsellers in Poland: *Maria Wisnowska* and *Russians in Warsaw*. A volume of her poetry *Znowu list* (A Letter Again) was published in 1991 and was followed by *Zamieszkałam w ucieczce* (I've Settled in Escape) in 1993. In addition, Tuszyńska is the author of numerous essays, magazine articles and interviews. Recently, she published a biography of Isaac Bashevis Singer —*Pejzaże pamięci* (Landscapes of Memory), the result of her Fulbright Scholarship at Columbia University and YIVO (The Institute for Jewish Research) in New York in 1991. She received a PEN Club Award for the book. Tuszyńska is professionally affiliated with the Institute of Literary Research in Warsaw.

ZARĘBIANKA, ZOFIA

On the faculty of the Contemporary Literature Department at the Jagellonian University in Cracow. Her research centers on 20th century religious poetry. Has published in such journals as *Dekada Literacka*, *Przegląd powszechny*, *Horyzonty wary*, *W drodze*, *Rocznik humanistyczny* (KUL). She contributes to *Nasza Rodzina*, a monthly published in Paris by Edition du Dialogue. Book reviewer for the monthly *List*. Author of the following books: *Poezja wymiaru sanctum* (TN KUL, 1992), a monograph on Anna Kamieńska *Świadectwo słowa* (Krakow, 1993), and a volume of poetry *Człowiek rośnie w ciszy* (Cracow, 1992; wyd. Zebra). Co-author of "Dwanaście Bożych słów" (Twelve Divine Words, Cracow, 1992). Member of Polish Writers' Association (SPP).